CONTABILIDADE DE CUSTOS

SÉRIE CONCURSOS PÚBLICOS

ZÉLIO CABRAL

CONTABILIDADE DE CUSTOS

SÉRIE CONCURSOS PÚBLICOS

ZÉLIO CABRAL

1ª. EDIÇÃO – BRASIL - 2018

"Na contabilidade da vida a bondade sempre dá lucro e a maldade prejuízo."

(Jovol)

"Instruir-te-ei e ensinar-te-ei o caminho que deves seguir; guiar-te-ei com os meus olhos."

(Salmos 32.8)

"Dentre as verdades, como afirmam Aristóteles e Averróis, as nossas matemáticas são as mais verdadeiras e estão no primeiro grau de certeza, e a estas seguem-se todas as demais ciências naturais."

(**Luca Pacioli**, considerado o pai da contabilidade moderna, que teve como aluno Leonardo da Vinci.)

SUMÁRIO

Introdução

Capítulo 1 – Importância da Contabilidade de Custos

Capítulo 2 – Entendendo Contabilidade de Custos

Capítulo 3– Custo dos Produtos Vendidos e dos Serviços Prestados

Capítulo 4 – Acumulação de Custos e Equivalente de Produção 35

Capítulo 5 – Produção, Formas e Perdas

Capítulo 6– Ponto de Equilíbrio

Capítulo 7 – Estoques

Exercícios Propostos

INTRODUÇÃO

A Contabilidade de Custos fornece uma compreensão completa dos conceitos de custos, comportamento de custos e técnicas de contabilidade de custos com relação a como se aplicam às empresas de manufatura e de serviços.

Os estudantes aprendem como determinar os custos de produtos e de serviços acuradamente; como usar o conhecimento dos custos de produtos e de serviços para estabelecer preços de venda, para dar lances em contratos e para analisar a rentabilidade relativa de vários produtos e serviços; como usar técnicas para medir o desempenho de gerentes e subunidades dentro de uma organização; como projetar um sistema de contabilidade que se acomode ao sistema de produção e de distribuição de uma organização; e como usar o sistema de contabilidade como ferramenta para motivar gerentes a perseguirem os objetivos da organização.

Este livro foi organizado de forma resumida, tratando os itens abordados nos editais de concursos públicos com uma linguagem clara e objetiva. Tem como enforque exclusivo a Contabilidade de Custos, não tratando os itens da Contabilidade Básica. Inclui, ao final, exercícios aplicados em provas que visam a fixação dos conceitos e o treino para aqueles que se preparam para os certames.

Destina-se a empresários em geral da Indústria, gerentes, administradores de empresas, profissionais de contabilidade, auditores internos e externos, gerentes de recursos humanos, consultores, advogados e demais interessados na escrituração contábil de custos.

O objetivo geral deste livro é dar conhecimentos práticos para realizar corretamente a contabilidade de instituições no setor de custos.

O autor espera que esta obra possa contribuir para que os condidatos alcacem seu tão almejado objetivo.

Zélio Cabral

Autor do livro

Capítulo 1 – Importância da Contabilidade de Custos

A carência de sistemas de contabilidade de custos nas empresas nos dias de hoje incapacita os gestores de apresentar decisões precisas para a tomada de decisão. Tendo em vista que as empresas atuam num ambiente altamente competitivo e com intensa atualização a necessidade de informações precisas e úteis se tornam cada vez mais indispensáveis. Uma vez que as organizações buscam um nível de excelência cada vez maior perante seus acionistas, cada vez mais as informações geradas pelas áreas de custo devem ser adaptadas e estruturadas para atender as necessidades específicas da organização.

Grande parte das empresas no mercado brasileiro trabalha com o sistema de custeio básico que traduz de uma forma simplificada de apuração os valores efetivamente gastos no processo produtivo, o custeio por absorção. Isto é, trabalha apenas com os custos gerais e não em cima de uma análise apurada das atividades, e utilizando, na maioria das vezes, o rateio na apuração das informações. Especialistas desta área reforçam essa afirmação, como Santos (2006, pag.99):

Esse sistema de custeio é o mais tradicional, datado de uma época em que a participação dos custos fixos era relativamente na composição geral do custo do produto, mercadoria ou serviços.

Por fim, são apresentadas as principais diferenças entre os dois principais sistemas de custeio utilizados nos dias de hoje. O custeio por Absorção e o ABC – Custeio Baseado em atividade.

Contabilidade de custos

Antes mesmo de se falar em contabilidade de custos é importante saber de onde surgiu a necessidade de avaliar e analisar a contabilidade. Antes mesmo de se ter um aprimoramento da escrita e sabendo apenas o básico no que diz respeito à área financeira, a humanidade já tinha a necessidade de controlar, avaliar e analisar suas posses. Isso se ilustra na importância que tinha a contabilidade antes mesmo do descobrimento das partidas dobradas.

Quando precisava, o homem se via obrigado a contar e controlar seu rebanho quando o recolhia do pasto, isso já mostra que a importância deste gesto se refletia numa apuração de dados que seria necessário para uma tomada de decisão caso faltasse ou ocorresse algum problema com seu rebanho. Desde que o homem sentiu a necessidade de ter informações econômicas, patrimoniais e financeiras a respeito de seus negócios que surgiu a contabilidade de custos com o objetivo de gerar informações para os subsídios na tomada de decisões.

Segundo Martins (2003, pag. 21), "devido ao crescimento das empresas, com o conseqüente aumento da distância entre o administrador e ativos e pessoas administradas, passou a contabilidade de custos a ser encarada como uma eficiente forma de auxilio no desempenho da nova missão da contabilidade, a gerencial. É importante ser lembrado que essa nova visão não data demais de algumas décadas. E por essa razão, ainda há muito a ser desenvolvido ".

A contabilidade de custos se faz necessária devido à importância da apreciação dos dados contábeis para facilitar o desenvolvimento e a implantação da estratégia adotada pelas organizações, pois a contabilidade não é um fim em si mesma, mas um meio de ajudar a empresa a atingir seus objetivos.

Para entender o que significa realmente a contabilidade de custos é preciso entender o conceito da mesma. Contabilidade e custos para Leone, "A Contabilidade de Custo é o ramo da contabilidade que se destina a produzir informações para os diversos níveis gerenciais de uma entidade, como auxilio às funções de determinação de desempenho, de planejamento e controle das operações e de tomada de decisão".

Custos – gasto relativo a bens ou serviços utilizados na produção de outros bens ou serviços; são todos os gastos relativos à atividade de produção.

Informações de custo como ferramenta para a tomada de decisão

Em quase todas as empresas que utilizam a contabilidade de custos como ferramentas para a tomada de decisão procuram em seus departamentos de custo informações gerenciais impressas em relatórios exigidos periodicamente. Esses relatórios são geralmente demonstrações do resultado detalhadas para os chefes de departamento e resumidas para a gerência de alto nível quase sempre com informações de valores orçados e realizados e a diferença entre eles.

Nas grandes organizações nos dias de hoje a contabilidade de custos serve não apenas para controlar os gastos incorridos no período, mas conforme Santos(2006) a contabilidade de custos é também,

...) a área da contabilidade denominada "contabilidade gerencial", ou, ainda, "contabilidade administrativa". Pode-se considerar a contabilidade de custos como um sistema cujo objetivo é proporcionar a administração da empresa o registro do custo dos produtos, a avaliação dos estoques que geralmente representam um valor material em relação ao total do ativo, bem como proporcionar a analise do desempenho da empresa.

Em resumo, a contabilidade de custos é como um processo de transformação, como uma indústria, onde recebe os dados e organiza de forma que os padronize para criar uma forma melhor de analisá-los e interpretá-los para a tradução das informações de custo para as diversas áreas da organização.

Transformação dos dados empresariais em informações de custo

Para tanto a sobrevivência das organizações depende cada vez mais das práticas gerenciais de apuração, análise, controle e gerenciamento dos custos de produção dos bens e serviços, principalmente no atual cenário de competição. Conforme comenta Oliveira (2000, pag. 20):

(...) os relatórios gerenciais de custos são ferramentas imprescindíveis para o gerenciamento das atividades rotineiras das empresas, qualquer que seja o ramo de atividade. Torna-se inconcebível, atualmente, qualquer tentativa de administrar com eficiência e eficácia determinada organização sem que o administrador possua bons conhecimentos teóricos e práticos sobre produção e o respectivo custeio dos diversos produtos ou serviços executados pela empresa.

Para tanto, com a atual dinâmica e a atualização constante do mercado econômico, os administradores necessitam de informações rápidas e precisas que lhe possibilitem a tomada de decisão para o alcance das metas e do planejamento estratégico da empresa.

Importância da contabilidade de custos

Mas por que devemos ter uma contabilidade de custos? As empresas não podem gerar informações apenas para os usuários externos como, por exemplo, o governo. Neste sentido, Oliveira(2000, pag. 41), comenta que "a contabilidade de custos pode, por exemplo, preparar periodicamente diversos relatórios contábeis não obrigatórios por Lei, mas de extrema utilidade para diversos executivos da empresa". Com isso, as informações de custo auxiliam os gestores numa melhor decisão interna não servindo apenas para prestar informações fiscais.

Cada organização opta pelo método que mais lhe convém para analisar, controlar e avaliar seus custos. Hoje em dia os métodos mais conhecidos são:

a) CUSTEIO POR ABSORÇÃO – é o sistema que tem por objetivo apropriar aos produtos todos os custos de produção sejam eles diretos ou indiretos, fixos ou variáveis sempre respeitando os princípios fundamentais de contabilidade.

b) CUSTEIO BASEADO EM ATIVIDADE – o ABC - Activity Based Costing permite mensurar com mais propriedade a quantidade de recursos consumidos por cada produto ou serviço durante o processo analisando suas atividades.

Muitas organizações se utilizam do método de custeio por absorção por não estarem preparadas para levantar as informações que o outro método necessita, portanto acabam fazendo desta forma por ser mais simplificado. Segundo o conceito apresentado no Manual de Contabilidade por Iudícibus(2003, pag. 344):

Há inúmeros sistemas de custo e critérios de avaliação da produção e dos estoques, e dentro dos princípios fundamentais de contabilidade consagrados pela Lei 6404/76, o método de custeio real por absorção é o indicado.

Isto significa dizer que devem ser adicionados ao custo da produção os custos reais incorridos obtidos pela contabilidade geral e pelo sistema por absorção...

Devemos, porém, ressaltar que os benefícios trazidos pelo outro método de custeio trazem resultados melhores que o anterior por se tratar de um método voltado para a parte gerencial da empresa e não utilizado basicamente para atender a legislação fiscal. Leone (2000, pag. 257) explica o critério do ABC:

O critério ABC aloca os custos e as despesas indiretas às atividades. As bases de rateio, em todos os critérios de custeamento, têm a mesma natureza. Elas devem representar o uso que as atividades e os centros de responsabilidade fazem dos recursos indiretos e comuns. Os contadores que empregam o critério ABC dizem que as atividades que consumiram os recursos e as bases para proceder a alocação são chamadas de "direcionadores de recursos". O procedimento é o mesmo e as limitações, portanto, são as mesmas. Entretanto, uma vez que o critério ABC faz uma análise mais minuciosa das operações, as limitações tendem a crescer de importância.

As formas de custeio tradicionais, baseadas em volumes, foram criadas para atender as empresas que apresentam o sistema de produção por processo. Já o ABC permite mensurar com mais propriedade a quantidade de recursos consumidos por cada produto ou serviço durante o processo. Assim, o método leva em consideração no cálculo do gasto unitário dos produtos, tanto os custos diretos quanto os custos indiretos e em alguns casos as despesas. Para tanto, utilizam-se direcionadores, ao invés da departamentalização usada no método por absorção.

Este sistema de custeio traz maior flexibilidade na análise dos resultados voltados a parte interna das organizações. Conforme comenta Santos (2006, pag. 111), "no sistema ABC as atividades são divididas naquelas que agregam valor ao produto e aquelas que não agregam valor ao produto. A idéia central é a de eliminar ou reduzir as que não agregam valor, reduzindo com isto custos, sem diminuir o valor...".

Assim, o sistema surge para superar as deficiências dos sistemas de custeio tradicionais, agregando inestimável contribuição para as empresas que competem no novo cenário empresarial onde o que impera é a qualidade total, eliminando, ao máximo as formas de desperdício. Portanto, as técnicas utilizadas pelo ABC são ferramentas ideais para que a empresa consiga melhorar seu sistema de custos, bem como seu desenvolvimento e competitividade. Santos (2006, pag. 111 e 112), apresenta ainda a síntese das características principais dos métodos de custeio:

SÍNTESE DAS CARACTERÍSTICAS
ABSORÇÃO preço é função de custo;
  calcula o custo total do produtos;
  estabelece um "resultado" do produto;
  é um sistema rígido inflexível.

ABC preço é função de mercado e custo;
calcula o custo direto do produto;
obtém um a"contribuição operacional" do produto;
é um sistema medianamente flexível.

O método de custeio por Absorção apresenta uma forma de apresentação voltada basicamente ao mercado onde seu valor de venda é estimado mediante uma pedida do mercado. Com isso, seu sistema de apuração não tem muita flexibilidade no que diz respeito a sua apuração do resultado, pois como a sua forma de apuração não analisa as partes específicas do processo acaba recebendo valores que muitas vezes não fazem parte daquela fatia analisada.

Já o sistema apresentado posteriormente mostra uma maneira de apuração ligada diretamente as atividades desempenhadas no processo produtivo visando a exatidão dos números apresentados. Para esse método são necessárias diversas ferramentas para que possam ser medidas e analisadas parte por parte cada atividade. Com isso esse sistema acaba se tornando extremamente flexível podendo ser moldado conforme a necessidade de cada empresa.

Informações conclusivas

É altamente recomendado que os gestores analisem e verifiquem junto ao seu sistema de custeamento utilizado se este atende as necessidades da organização. Se for necessário deve-se fazer um estudo se uma mudança de sistema de custeio não vem a ser uma alternativa viável que poderia trazer vantagens à organização. A análise dos cenários de ambos os sistemas de custeio pode auxiliar o gestor a verificar qual dos dois métodos se assemelha mais com o objetivo da empresa e qual deles pode ser mais útil no momento para as necessidades da mesma. Pois, hoje em dia as organizações não optam apenas pela maior precisão no seu custo, mas também analisam se o custo beneficio é válido, pois pode não ser viável uma mudança.

Referências Bibliográficas

IUDÍCIBUS, Sérgio de; MARTINS, Eliseu; GELBCKE, Ernesto Rubens. Manual de Contabilidade das Sociedades por Ações: aplicável às demais sociedades. 6.Ed. São Paulo: Editora Atlas, 2003.

LEONE, George S. G. Curso de Contabilidade de Custos. 2.Ed. São Paulo: Editora Atlas, 2000.

LEONE, George S. G. Custos: planejamento, implantação e controle. 2.Ed. São Paulo: Editora Atlas, 1996.

MARTINS, Eliseu. Contabilidade de custos. 9.Ed. São Paulo: Editora Atlas, 2003.

MARTINS, Eliseu. Contabilidade de custos. 7.Ed. São Paulo: Editora Atlas, 2000.

OLIVEIRA, Luís Martins de; PEREZ JR., José Hernandez. Contabilidade de custos para não contadores. São Paulo: Editora Atlas, 2000.

SANTOS, José Luis dos; SCHIMIDT, Paulo; PINHEIRO, Paulo Roberto; NUNES,Marcelo Santos. Fundamentos de Contabilidade de Custos. 22.Ed.São Paulo: Editora Atlas, 2006.

SHANK, John K.; GOVINDARAJAN, Vijay. A revolução dos Custos: como reinventar e redefinir sua estratégia de custos para vencer em marcados crescentemente competitivos; Tradução de Luis Orlando Coutinho Lemos. 4.Ed. Rio de Janeiro: Editora Capus, 1997.

Capítulo 2 – Entendendo Contabilidade de Custos

A contabilidade de custos pode ser definida como um conjunto de registros específicos, baseados em escrituração regular (contábil) e apoiada por elementos de suporte (planilhas, rateios, cálculos, controles) utilizados para identificar, mensurar e informar os custos das vendas de produtos, mercadorias e serviços.

Sua existência não é mero caso fortuito, mas uma necessidade legal e tributária.

Legal, por exigência da legislação societária brasileira:

1. Para as Sociedades Anônimas - Lei nº 6.404/76, art. 183, inciso II:

Art. 183 – No balanço, os elementos do ativo serão avaliados segundo os seguintes critérios:
I - ...
II - Os direitos que tiverem por objeto mercadorias e produtos de comércio da companhia, assim como matérias-primas, produtos em fabricação e bens em almoxarifado, serão avaliados pelo custo de aquisição ou produção; deduzido de provisão para ajustá-lo ao valor de mercado, quando este for inferior.

2. Para as demais Sociedades, a Lei 10.406/2002 (o "Novo Código Civil Brasileiro"), traz a exigência de avaliação de custos da seguinte forma, em seu artigo 1.187, inciso II:

Art. 1.187 – Na coleta dos elementos para o inventário serão observados os critérios de avaliação a seguir determinados:
I - ...
II – os valores mobiliários, matéria-prima, bens destinados á alienação, ou que constituem produtos ou artigos da indústria ou comércio da empresa, podem ser estimados pelo custo de aquisição ou de fabricação, ou pelo preço corrente, sempre que este for inferior ao preço de custo, e quando o preço corrente ou venal estiver acima do valor de custo de aquisição, ou fabricação, e os bens forem avaliados pelo preço corrente, a diferença entre este e o preço de custo não será levada em conta para a distribuição de lucros, nem para as percentagens referentes a fundos de reserva;

Fiscal, de acordo com o Decreto 3000/99, em seus artigos adiante transcritos:

Art. 292. Ao final de cada período de apuração do imposto, a pessoa jurídica deverá promover o levantamento e avaliação dos seus estoques.

Art. 293. As mercadorias, as matérias-primas e os bens em almoxarifado serão avaliados pelo custo de aquisição (Lei nº 154, de 1947, art. 2º, §§ 3º e 4º, e Lei nº 6.404, de 1976, art. 183, inciso II).

Art. 294. Os produtos em fabricação e acabados serão avaliados pelo custo de produção (Lei nº 154, de 1947, art. 2º, § 4º, e Lei nº 6.404, de 1976, art. 183, inciso II).

§ 1º O contribuinte que mantiver sistema de contabilidade de custo integrado e coordenado com o restante da escrituração poderá utilizar os custos apurados para avaliação dos estoques de produtos em fabricação e acabados (Decreto-Lei nº 1.598, de 1977, art. 14, § 1º).

§ 2º Considera-se sistema de contabilidade de custo integrado e coordenado com o restante da escrituração aquele:

I – apoiado em valores originados da escrituração contábil (matéria-prima, mão-de-obra direta, custos gerais de fabricação);

II – que permite determinação contábil, ao fim de cada mês, do valor dos estoques de matérias-primas e outros materiais, produtos em elaboração e produtos acabados;

III – apoiado em livros auxiliares, fichas, folhas contínuas, ou mapas de apropriação ou rateio, tidos em boa guarda e de registros coincidentes com aqueles constantes da escrituração principal;

IV – que permite avaliar os estoques existentes na data de encerramento do período de apropriação de resultados segundo os custos efetivamente incorridos.

Art. 295. O valor dos bens existentes no encerramento do período de apuração poderá ser o custo médio ou o dos bens adquiridos ou produzidos mais recentemente, admitida, ainda, a avaliação com base no preço de venda, subtraída a margem de lucro (Decreto-Lei nº 1.598, de 1977, art. 14, § 2º, e Lei nº 7.959, de 21 de dezembro de 1989, art. 2º, e Lei nº 8.541, de 1992, art. 55).

A **contabilidade de custos** é o ramo da contabilidade que se destina a produzir informações para diversos níveis gerenciais de uma entidade, como auxílio às funções de determinação de desempenho, e de planejamento e controle das operações e de tomada de decisões, bem como tornar possível a alocação mais criteriosamente possível dos custos de produção aos produtos.

Ela coleta, classifica e registra os dados operacionais das diversas atividades da entidade, denominados de dados internos, bem como, algumas vezes, coleta e organiza dados externos. Os dados coletados podem ser tanto monetários como físicos. Exemplos de dados físicos operacionais: unidades produzidas, horas trabalhadas, quantidade de requisições de materiais e de ordens de produção, entre outros.

Também requer a existência de métodos de custeio para que, ao final do processo, seja possível obter-se o valor a ser atribuído ao objeto de estudo.

Os principais métodos de custeio são:

1. Custeio por absorção;
2. Custeio variável ou direto;

3. Custeio ABC - Activity Based Costing;
4. Gestão Econômica ou GECON.

Desenvolvimento da contabilidade de custos

O desenvolvimento da *contabilidade de custos* recebeu seu maior impulso aquando da Revolução Industrial, a ponto de gerar um novo campo de aplicação conhecido como *contabilidade industrial*. A partir desse evento, a contabilidade passou de seu foco principal que era a avaliação de estoques, para as diferentes técnicas de custeio, levando a que em alguns países como em Portugal a contabilidade de custos passasse a ser chamada de Contabilidade analítica.[1] No século XX começaram a surgir as teorias e técnicas de contabilida de gestão na Europa e posteriormente nos Estados Unidos. Passou-se a questionar o que muitos autores chamavam de contabilidade tradicional de custos, basicamente as técnicas centradas na realocação de custos indiretos (rateios do CIF). As novas propostas formariam a maior parte do escopo atribuído a vertente da contabilidade gerencial, controladoria contábil (integração de orçamento e contabilidade) e contabilidade estratégica (integração de orçamentos plurianuais e contabilidade, havendo também propostas múltiplas que buscam identificar e sistematizar tendências gerenciais de longo prazo).

Implementação de um sistema de contabilidade de custos

A contabilidade de custos consiste na aplicação da técnica contabilística aos fenômenos internos da empresa, que ocorrem na área da produção, comercial, administrativa, financeira (de acordo com o POC-Plano Oficial de Contabilidade, os custos de distribuição, de administração geral e os financeiros não são incorporáveis no custo de produção), com dois objetivos principais:

- avaliação dos bens produzidos e vendidos;
- controle das condições internas de exploração.

Com o primeiro objetivo, a empresa procura calcular o custo dos produtos fabricados bem como o custo dos produtos vendidos à saída do armazém, o que lhe permite apurar resultados por produtos. Com o segundo objetivo, a Contabilidade de custos procura identificar todos os sectores internos que originam custos, de forma a poderem ser acompanhados, analisados e controlados, permitindo o conhecimento de todos os custos da empresa nos diferentes sectores (área fabril), comercial e administrativa e financeira, com vista ao seu controle e racionalização.

A contabilidade geral distingue-se da de custos, porque:

- A contabilidade de custos nem sempre é obrigatória, só o é, quando a empresa em causa quando "durante dois anos consecutivos, sejam ultrapassados dois dos três seguintes limites" (definidos no n.º 2 do art.º 262º do Código das Sociedades Comerciais), ou seja:

    o total do balanço: 1.500.000,00 euros;

    o total das vendas e outros proveitos: 3.000.000,00 euros;

    o número de trabalhadores empregados em média durante o exercício: 50.

- A contabilidade geral está virada para o exterior (relação da empresa com: clientes, fornecedores, sócios, bancos, etc.), a Contabilidade de custos está virada para o interior, dentro da empresa; procura captar o que se passa nas diversas áreas (área de produção, administrativa, financeira, comercial, etc.);

- A contabilidade geral apura resultados gerais (globais), a contabilidade de custos apura resultados por produtos, regiões, mercados, atividades, etc.

- A contabilidade geral contabiliza os custos segundo a sua natureza específica (classe 6 - FSE, custos com pessoal, amortizações, custos financeiros, etc.). A contabilidade de custos contabiliza os custos de acordo com a função ou área interna (custos de produção, distribuição, administrativos, financeiros, etc.).

- A contabilidade geral elabora uma demonstração de resultados chamada demonstração de resultados por natureza, enquanto a contabilidade de custos elabora uma demonstração de resultados por funções.

- A contabilidade geral apura resultados anuais, a Contabilidade De custos apura resultados em períodos curtos (geralmente mensais). Uma empresa comercial poderá apurar resultados mensais se utilizar o SIP (Sistema de Inventário Permanente) e contabilizar todos os custos com amortizações, provisões, juros, etc.

- Note-se que a:

- contabilidade geral nas empresas industriais, para apurar resultados, precisa da informação gerada pela Contabilidade de custos (valor das existências de produto da produção).

- A contabilidade geral não é obrigada a periodizar ou mensualizar alguns custos como amortizações, juros, empréstimos, seguros, férias, subsídio de férias e subsídio de natal. A contabilidade de custos, para atingir os seus objetivos, terá que fazer essa periodização de custos (normalmente utilizando os duodécimos).

- A contabilidade geral utiliza o SIP (Sistema de Inventário Permanente) ou o SII (Sistema de Inventário Intermitente) para as existências compradas (mercadorias e matérias-primas), para as existências da produção a contabilidade geral utiliza o SII.

- A Contabilidade De custos terá sempre que utilizar o SIP para poder obter mensalmente o custo das matérias consumidas e o custo dos produtos vendidos, necessário para apurar os resultados do mês.

- A contabilidade geral utiliza a digrafia (regras para creditar e debitar), a contabilidade de custos pode ou não utilizar a digrafia; se utilizar, é elaborado um plano de contas na classe 9 do POC.

- A Contabilidade Geral contabiliza custos efetivos, reais ou históricos, ao passo que a Contabilidade De custos também utiliza esses custos efetivos, mas também pode utilizar custos teóricos ou pré-determinados como por exemplo: custos orçamentados, custos-padrão, etc..

Custo Industrial

O custo de produção do período (CPP) é a totalidade de custos incorridos na produção durante determinado período de tempo. É compostos por três elementos: materiais diretos, mão-de-obra direta e custos indiretos de fabricação

1. *Materiais Diretos (MD)* - referem-se se a todo material que se integra ao produto acabado e que possa ser incluído diretamente no cálculo do custo do produto. Ex.: matéria-prima, insumos secundários, material de embalagens.

2. *Mão-de-Obra Direta (MOD)* - é o custo de qualquer trabalho executado no produto alterando a forma e natureza do material de que se compõe. Ex.: gasto total com salários e encargos com a mão-de-obra apropriável diretamente ao produto.

3. *Custo Indiretos de Fabricação (CIF)* - ou Gastos Gerais de Fabricação são os outros demais custos necessários para a operação da fábrica, porém genéricos demais para serem apropriados diretamente ao produto. Ex.: materiais indiretos, mão-de-obra indireta, energia elétrica, seguro e aluguel da fábrica, depreciação de máquinas.

Estes custos também podem ser classificados da seguinte forma:

1. *Custos Diretos e Indiretos* - dizem respeito ao relacionamento entre o custo e o produto feito: Os primeiros são fáceis, objetivos e diretamente apropriáveis ao produto feito. Os indiretos precisam de esquemas especiais para a alocação, tais como bases de rateio, estimativas, etc.

2. *Custos fixos e variáveis* - são classificações que não levam em consideração o produto, e sim o relacionamento entre o valor total do custo num período e o volume de produção. Fixos, como o próprio nome diz, são custos que mantém um montante fixado não em função das oscilações na atividade. Por outro lado, as variáveis são os que têm seu valor determinado em função dessa oscilação.

Terminologia em termos industriais

1. Gasto - Sacrifício financeiro com que a entidade arca para qualquer obtenção de um produto ou realização de um serviço, sacrifício esse representado por entrega ou promessa de entrega de ativos (normalmente dinheiro).-

2. Investimento - Gasto ativado em função de sua vida útil ou benefícios atribuíveis a futuros períodos.

3. Custo - Gasto relativo ao consumo de bem ou serviço no processo de produção de outros bens ou serviços.

4. Despesa - Gasto relativo ao consumo de Bem ou serviço que tem relação direta ou indireta com o processo de obtenção de receitas da entidade.

5. Desembolso - Pagamento resultante da aquisição do bem ou realização do serviço.

6. Perda (despesa) - Bem consumido ou serviço prestado de forma anormal e involuntária.

7. Desperdício - É o consumo intencional, que por alguma razão não foi direcionado à produção de um bem ou à prestação de um serviço.

8. Encargos - Bônus, em geral, determinado pela legislação. É o caso dos encargos sociais: trabalhistas e previdenciários. Outro exemplo: encargos financeiros sobre desconto de títulos; também, encargos de depreciação, amortização e exaustão.

Capítulo 3 – Custo dos Produtos Vendidos e dos Serviços Prestados

1 – INTRODUÇÃO

Para profissionais que não atuam no meio contábil, as palavras custo e despesa podem ser compreendidas como sinônimos. Todavia, em contabilidade, muito embora haja interpretações e definições que também admitem essas palavras como sinônimas, Entendemos que deve prevalecer a distinção entre elas, principalmente quando nos esbarramos com o custo dos estoques ou dos bens de funcionamento.

Entendemos como "Despesa" o consumo de recursos (itens do patrimônio) realizado no esforço de se obter receitas e de realizar as atividades operacionais ou não operacionais da entidade; e como custo todos os recursos aplicados para adquirir, para construir ou para produzir um bem.

Tanto os custos quanto as despesas estão vinculados à suas respectivas finalidades. Daí as denominações:

1. a) "custo de aquisição" – pode ser de um item do estoque, de um ativo permanente etc.;
2. b) "custos de fabricação" – reúne todos os elementos diretos e indiretos empregados na produção industrial;
3. c) "custos da prestação de serviços" – reúne todos os elementos diretos e indiretos empregados na prestação de serviços;
4. d) "despesas comerciais" – compreendem todos os recursos consumidos nas atividades comerciais da entidade;
5. e) "despesas administrativas" – compreendem todos os recursos consumidos nas atividades administrativas da empresa;
6. f) "despesas financeiras" – compreendem todos os recursos consumidos para a remuneração de capital de terceiros, seja para financiamentos de bens de capital, seja para financiamento de capital de giro. Nesta matéria, abordaremos os conceitos básicos e o tratamento fiscal dos custos levando-se em consideração a atividade da pessoa jurídica. Analisaremos, em primeiro lugar, o custo de mercadorias vendidas, depois o custo industrial, passando, em seguida, para o custo das empresas agrícolas e das empresas exclusivamente prestadoras de serviços.

2 – CUSTO DAS MERCADORIAS VENDIDAS – CMV

Mercadoria e produto não são palavras sinônimas na terminologia contábil e fiscal. Mercadoria é bem material adquirido de terceiro com a finalidade de revenda. Assim, o estoque de um supermercado compõe-se de mercadorias. Produto é bem material produzido pela própria empresa. As fábricas de calçados e brinquedos, por exemplo, tem estoque de produtos. Esses produtos, por sua vez, são considerados mercadorias em uma loja de brinquedos que os tenham adquiridos para revenda.

O custo de aquisição das mercadorias destinadas à revenda compreenderá obrigatoriamente os de transporte e seguro até o estabelecimento da empresa adquirente e os tributos devidos na aquisição ou importação que não sejam recuperáveis. Tributo recuperável é aquele que é compensado com o montante pago na aquisição com o devido na venda de mercadorias. Como exemplo citamos o ICMS, cuja apuração do saldo devedor ou credor é demonstrada através de conta gráfica em livro fiscal próprio.

Exemplo: A apuração do custo das mercadorias vendidas está diretamente relacionada aos estoques da empresa, pois representa a baixa efetuada nas contas dos estoques por vendas realizadas no período.

O custo das mercadorias vendidas pode ser apurado através da equação:

$CMV = EI + C - EF$

Onde:

CMV = Custo das Mercadorias Vendidas

EI = Estoque Inicial

C = Compras

EF = Estoque Final (inventário final)

Vejamos como se faz o lançamento contábil referente a aquisição de 100 sacas de arroz adquiridas em 20.07.09, conforme dados a seguir:

Valor da aquisição R$ 1.400,00

Frete   R$ 90,00

Alíquota do ICMS 18%

CONTAS	DÉBITO	CRÉDITO
Estoque de Mercadorias	1.221,80	
ICMS a Recuperar	268,20	
Caixa ou Fornecedores		1.490,00

Caso a pessoa jurídica mantenha controle permanente de estoques, o registro na ficha ou livro será efetuado do seguinte modo:

Data	Quantidade			Valor			Preço
	Entrada	Saída	Saldo	Entrada	Saída	Saldo	

| | | | Médio | |
| 20/07/09 100 | | 100 | 1.221,80 | 1.221,80 12,2180 |

A saída poderá ser feita pelo último preço médio ou pelo custo de aquisição mais antigo, adotando-se, no caso, o sistema PEPS (primeiro a entrar, primeiro a sair), originário do sistema FIFO (first in, first out). A legislação do imposto de renda não admite a utilização do sistema UEPS (último a entrar, primeiro a sair). A adoção desse sistema é vedada porque, num país com um regime inflacionário como o nosso, os estoques ficariam subavaliados e esse fato implicaria em redução do lucro líquido do período e, consequentemente, do imposto de renda.

A empresa que possui registro permanente de estoques normalmente utiliza o custo médio por ser o mais simples. No atual Regulamento do Imposto de Renda, a avaliação pelo custo médio está inserida no artigo 289.

O sistema de preço médio implica no seguinte: cada entrada a preço unitário diferente do preço médio anterior modifica o preço médio; cada saída altera o fator de ponderação e, por conseguinte, altera o preço médio que for calculado na entrada seguinte.

3 – CONTROLE PERMANENTE DE ESTOQUE

O controle de estoque é chamado de permanente porque a cada dia o registro indica o saldo em quantidade e valor. Se num mesmo dia ocorrer mais de uma entrada poderá ser estabelecido um preço médio. Esse preço médio será obtido pela soma do saldo em R$ (Reais) do dia anterior mais todas as entradas do dia em R$ (Reais) dividido pelo somatório do saldo anterior mais as entradas do dia em unidades. A saída do dia, no caso, será dada pelo preço médio assim obtido.

Vejamos o seguinte exemplo:

Data	Quantidade			Valor			
	Entrada	Saída	Saldo	Entrada	Saída	Saldo	Preço Médio
10/08/09			1.200			12.000,00	10,00
11/08/09	250		1.450	2.750,00		14.750,00	10,17
11/08/09	180		1.630	2.016,00		16.766,00	10,28
11/08/09	160		1.790	1.824,00		18.590,00	10,38
11/08/09		320	1.470		3.321,60	15.268,40	10,38

No exemplo acima, a saída de 320 unidades foi dada pelo preço médio de R$ 10,38, obtido da seguinte forma (R$ 12.000,00 + R$ 2.750,00 + R$ 2.016,00 + R$ 1.824,00): (1.200 + 250 + 180 + 160) = R$ 10,38.

O somatório de valores da coluna saída fornece o custo da mercadoria vendida durante o período-base.

A Coordenação do Sistema de Tributação, através do Parecer Normativo nº 06/79, definiu que é aceitavel, do ponto de vista fiscal, que as saídas sejam registradas unicamente no final de cada mês, desde que avaliadas ao preço médio que, sem considerar o lançamento de baixa, se verificar naquele mês.

Em outras palavras, o ato normativo em questão admite avaliar o estoque pelo preço médio mensal, ou seja, pelo preço médio ponderado fixo. Por esse método as baixas de estoque durante o mês serão dadas por um único preço médio obtido da seguinte forma:

(saldo do mês anterior em R$)+(entradas no mês em R$) = preço médio mensal
(saldo do mês anterior em unidades)+(entradas do mês em unidades)

O registro permanente de estoque poderá ser feito em livros, fichas ou em formulários contínuos emitidos por sistema de processamento eletrônico de dados. Não há necessidade de registro ou autenticação no Departamento da Receita Federal ou em outro órgão de registro.

A existência de registro permanente de estoques dispensa o inventário físico, uma vez que o próprio registro fornece os saldos em quantidades e valores no final de cada período.

Entretanto, a empresa deverá realizar inventário físico para fins de simples confronto com o registro permanente. Nesse sentido, vide instrução Normativa nº 56/92.

Quando ocorrer da empresa não possuir registro permanente de estoque, devem ser observados os procedimentos adiante analisados.

4 – CONTROLE PERIÓDICO DE ESTOQUES

Quando a empresa não possuir controle permanente de estoques, a primeira providência a ser tomada é efetuar a contagem física dos estoques. Por isso é bastante comum, nos últimos dias do exercício, ver estabelecimentos com o seguinte aviso: FECHADO PARA BALANÇO. Aquilo significa que os funcionários estão fazendo a contagem física dos estoques.

Os saldos de estoques encontrados são registrados no livro de inventário, onde são especificados os tipos de mercadorias e respectivas quantidades. Para efeito de atribuição de preços deverá ser utilizado o critério PEPS, isto é, as mercadorias entram e saem na ordem cronológica de datas, sendo que as que ficaram no estoque correspondem às últimas compras.

Exemplo:

Vejamos como deve ser avaliado o estoque de 100 panelas da marca "X", de 20 polegadas, existentes no encerramento do período, cujas aquisições foram as seguintes:

Datas Quantidades Preço Total (Excluído o ICMS)

Data	Quantidade	Preço Total
16.10	72	R$ 10,00
20.11	45	R$ 11,52
16.12	30	R$ 12,00

Nese caso, como a empresa está obrigada a avaliar o estoque pelo sistema PEPS, deverão ser consideradas as entradas na ordem cronológica decrescente, a saber:

Datas Quantidades Preço Unitário Sub-Totais

Data	Quantidades	Preço Unitário	Sub-Totais
16.10	25	139,00	3.475,00
20.11	45	256,00	11.520,00
16.12	30	400,00	12.000,00
	100		26.995,00

A pessoa jurídica que não possui registro permanente de estoques não poderá fazer avaliação de estoques com base no preço médio de entradas. Os estoques são obrigatoriamente avaliados pelos preços das últimas aquisições.

5 – CUSTOS DOS PRODUTOS VENDIDOS – CPV

No caso de empresas industriais a complexidade na apuração do custo é maior, pois há um processo de produção.

O custo de aquisição de mercadorias destinadas à revenda incluirá os de transporte e seguro até o estabelecimento do contribuinte e os tributos não recuperáveis devidos na aquisição ou importação (RIR/1999, art. 289 e seus parágrafos).

O custo da produção dos bens ou serviços compreenderá, obrigatoriamente (RIR/1999, art. 290):

1. o custo de aquisição de matérias-primas e quaisquer outros bens ou serviços aplicados ou consumidos na produção, inclusive os de transporte e seguro até o estabelecimento do contribuinte e os tributos não recuperáveis devidos na aquisição ou importação;
2. o custo do pessoal aplicado na produção, inclusive na supervisão direta, manutenção e guarda das instalações de produção;
3. os custos de locação, manutenção e reparo e os encargos de depreciação dos bens aplicados na produção;
4. os encargos de amortização, diretamente relacionados com a produção;
5. os encargos de exaustão dos recursos naturais utilizados na produção.

5.1 – FORMAÇÃO DO CUSTO

No caso de produtos (bens produzidos por uma indústria), os custos são apurados mediante a a fórmula:

$CPV = EI + (In + MO + GGF) - EF$

Onde:

CPV = Custo dos Produtos Vendidos

EI = Estoque Inicial

In = Insumos (matérias primas, materiais de embalagem e outros materiais) aplicados nos produtos vendidos

MO = Mão de Obra Direta aplicada nos produtos vendidos

GGF = Gastos Gerais de Fabricação (aluguéis, energia, depreciações, mão de obra indireta, etc.) aplicada nos produtos vendidos

EF = Estoque Final (inventário final)

6 – PESSOAS JURÍDICAS COM CONTABILIDADE DE CUSTOS

As pessoas jurídicas que mantiverem contabilidade de custo integrado e coordenado com a contabilidade geral poderão utilizar os custos reais obtidos por esses sistemas para determinar o lucro bruto e o valor dos estoques na data de encerramento do período-base. Nesta hipótese, o custo de produção deverá compreender, obrigatoriamente, todos os custos de produção industrial, tais como:

1. a) o custo de aquisição de matérias primas e secundárias consumidas na produção, bem como de embalagens;
2. b) o custo de pessoal aplicado na produção, inclusive de supervisão direta, manutenção e guarda das instalações de produção;
3. c) os custos de locação, manutenção e os reparos e os encargos de depreciação dos bens aplicados na produção;
4. d) os encargos de amortização diretamente relacionados com a produção;
5. e) os encargos de exaustão dos recursos minerais utilizados na produção.

7 – MÉTODOS DE APROPRIAÇÃO DE CUSTOS

Existem vários métodos de apropriação de custos, sendo que os mais conhecidos são:

1. a) custeio por absorção;
2. b) custeio variável ou direto; e
3. c) custo padrão.

7.1 – CUSTEIO POR ABSORÇÃO

É o método que consiste na apropriação de todos os custos de produção dos bens, sejam diretos ou indiretos, variáveis ou fixos. A legislação do imposto de renda determinou a adoção do método do custeio por absorção.

7.1.1 – CUSTOS DIRETOS

São os custos aplicados diretamente na produção de determinado produto, tais como matéria-prima, material secundário, embalagem, salários e encargos sociais dos operários diretamente ligados á produção, depreciação de máquinas e equipamentos diretamente ligados à produção etc.

7.1.2 – CUSTOS INDIRETOS

São os custos não mensuráveis consumidos ou incorridos na produção de determinado produto. Como exemplo temos os salários e encargos sociais dos vigias da fábrica, honorários do diretor industrial, impostos do prédio fabril, depreciação do prédio etc.

7.1.3 – CUSTOS VARIÁVEIS

São os custos que variam direta e proporcionalmente em relação ao volume de produção. A matéria-prima é o principal custo variável de produção e, em seguida, vêm os salários diretos. Quanto maior é a produção em quantidade maior será o consumo de matéria prima.

7.1.4 – CUSTOS FIXOS

São os que não variam diretamente em relação ao volume de produção. Isso acontece com os custos relativos aos salários de vigia, impostos do prédio, honorários do diretor industrial etc.

7.1.5 – CRITÉRIOS PARA APROPRIAÇÃO

A contabilidade de custos deve incorporar todos os custos incorridos na produção. As matérias-primas e secundárias e as embalagens consumidas são controladas por requisições. Assim, para cada saída de matéria prima do almoxarifado para a linha de produção é emitida uma requisição indicando o produto a ser fabricado. Isso demonstra que a existência de contabilidade de custos depende fundamentalmente da existência de controle permanente de estoques de matérias-primas.

O custo da mão-de-obra direta é apropriado mediante registro de horas de mão-de-obra utilizadas na produção de determinado produto. Esse trabalho é feito pelo apontador de mão-de-obra. Quanto mais diversificada é a produção mais complexa é a apropriação correta da mão- de-obra direta. Se a empresa fabricasse apenas um produto, seria prescindível esse registro.

Os custos indiretos são apropriados ao produto mediante rateio. Diversos critérios são utilizados para o rateio dos custos indiretos tais como em relação ã matéria-prima consumida, aos custos diretos etc. Assim, o rateio de custo indireto de 150, em relação aos custos diretos de 200 para o produto "X" e 400 para o produto "Y", resultará na apropriação de 50 para o produto "X" e 100 para o produto "Y".

7.2 – CUSTEIO VARIÁVEL OU DIRETO

É o método pelo qual os custos de fabricação dos produtos são determinados mediante apropriação tão somente de custos variáveis. Por esse método os custos fixos não se incorporam aos custos dos bens ou serviços produzidos. Os custos fixos são considerados como despesas operacionais. A legislação do imposto de renda não admite a apuração dos custos por esse método.

7.3 – CUSTO PADRÃO

É o método pelo qual os custos dos produtos vendidos são determinados com base em padrão pré-estabelecido. Assim, por exemplo, uma fábrica de mesas faz o custo padrão pelo somatório de todos os custos diretos e indiretos, tais como montagem de madeira, quantidade de pregos, lixa, cola, verniz etc. consumidos, o tempo gasto pelos operários, supervisores etc., a depreciação das máquinas etc.

O custo padrão funciona bem em país de economia estável. No Brasil, a alta taxa inflacionária provoca grande distorção entre o custo padrão e o real em poucos meses.

Esse método é admitido pela legislação do imposto de renda, desde que o padrão incorpore todos os elementos constitutivos do custeio por absorção, ou seja, custos diretos ou indiretos, fixos e variáveis, e que a avaliação dos estoques na data de encerramento do período-base não seja discrepante da que seria obtida como emprego do custo real ou por absorção.

No custeio padrão é obrigatório o rateio das variações verificadas entre o custo padrão e o custo real. O custo estimado deverá ser periodicamente confrontado com o custo efetivo ou real. As variações existentes entre o custo estimado e o efetivo deverão ser rateadas proporcionalmente entre os estoques de produtos acabados em elaboração e o custo dos produtos vendidos no período de apuração do imposto.

A distribuição das variações de custo deverá ser procedida a intervalos não superiores a três meses ou em intervalo de maior duração, desde que não exceda a qualquer dos prazos seguintes:

1. a) o período-base;
2. b) o ciclo usual de produção, entendido como tal o tempo normalmente despendido no processo industrial do produto a ser avaliado.

Assim, por exemplo, uma empresa que fabrica produtos cujo tempo de produção seja de um dia poderá efetuar o ajuste das variações de três em três meses. Se o ciclo normal de produção é de quatro meses, o ajuste poderá ser feito de quatro em quatro meses. Se o tempo necessário para a produção for de quatorze meses, o ajuste deverá ser feito, obrigatoriamente, no final de cada período-base.

7.4 – MATÉRIAS – PRIMAS E SECUNDÁRIAS

As quantidades e valores das matérias-primas, materiais secundários e embalagens consumidos durante o período-base e os existentes em estoque no balanço são mensurados do mesmo modo que o adotado para as mercadorias. As empresas que possuem registro permanente de estoques avaliam o consumo com base nesse registro e as que não possuem o controle permanente fazem a contagem física e atribuem os valores com base nas últimas entradas.

As empresas que mantêm contabilidade de custos integrada deverão, obrigatoriamente, ter controle permanente de estoques, inclusive de matérias primas. O custo da matéria-prima poderá ser mensurado pelo preço médio. O único critério de avaliação proibido pela legislação é o sistema UEPS.

8 – PESSOAS JURIDICAS SEM CONTABILIDADE DE CUSTOS

As empresas industriais que não possuem contabilidade de custos para determinar o custo dos produtos vendidos deverão primeiro apurar os estoques em quantidades e valores na data de encerramento do período-base. As quantidades serão apuradas com o inventário. Os valores serão atribuídos do seguinte modo:

1. a) os produtos acabados serão avaliados em 70% (setenta por cento) do maior preço de venda no período-base;
2. b) os produtos em elaboração serão avaliados em 56% (cinquenta e seis por cento) do maior preço de venda do produto acabado (ou 80% do valor obtido nos termos da letra a) no período-base ou em uma vez e meia o maior custo das matérias-primas adquiridas no período-base.

Assim, por exemplo, uma fábrica de bicicletas que não mantiver contabilidade de custos avaliará por R$ 210,00 a bicicleta "X", cujo maior preço de venda no período-base tenha sido de R$ 300,00.

O ICMS é parte integrante do maior preço de venda do produto no período-base. Integram também o preço do produto os valores do frete e transporte e das receitas de financiamento das vendas a prazo que não forem destacadas na nota fiscal e devidamente contabilizadas.

A jurisprudência administrativa vem firmando entendimentos de que o maior preço de venda do produto é obtido em todas as operações da pessoa jurídica (matriz e filiais), não podendo ser avaliados separadamente os estoques de filiais com base nos preços por elas obtidos.

9 – CUSTOS DOS PRODUTOS AGROPASTORIS

As empresas agropastoris que possuem contabilidade de custos poderão avaliar o custo de produção vendida e o estoque na data de encerramento do período mediante utilização do custo real.

Por sua vez, as que não possuem contabilidade de custos poderão avaliar os estoques de produtos agrícolas e animais aos preços correntes de mercado, conforme práticas usuais em cada tipo de atividade.

Avaliado o estoque final é fácil determinar o valor dos custos de produção vendida. O critério é o mesmo quando a empresa industrial faz o inventário com base no custo arbitrado.

Nas empresas agropastoris é fundamental que os gastos sejam distinguidos em:

1. a) inversão em ativo permanente;
2. b) custo da produção;
3. c) despesas operacionais

9.1 – INVERSÃO EM ATIVO PERMANENTE

Os gastos na formação de cultura perene, ou seja, nas lavouras extrativas de frutas ou caules sem extinção das espécies, deverão, obrigatoriamente, ser contabilizados como imobilizações. Isso acontece com os cafezais, laranjais, canaviais, etc. Esses gastos entram na formação do custo da produção através das quotas de depreciação, tendo em vista a vida útil da plantação.

9.2 – CUSTOS DA PRODUÇÃO

Os gastos com formação de culturas temporárias como milho, arroz, etc. são contabilizados diretamente como custo de plantação em andamento, no ativo circulante. Se a colheita não é feita no mesmo período-base, os gastos continuam na conta de plantação de milho, arroz ou feijão em andamento.

Terminada a colheita, o saldo da conta é transferido para estoque e passa a integrar o custo da produção. Cada plantação deve ser controlada em conta distinta para que seja possivel determinar o custo real da produção.

Nas culturas perenes ou permanentes, o custo de produção de cada período-base, além dos gastos do referido período, é formado pelos encargos de depreciação das árvores ou plantas.

9.3 – DESPESAS OPERACIONAIS

Os gastos com a manutenção e conservação de estradas, casas, cercas, são contabilizados como despesas operacionais. Esses gastos vão diretamente para a conta de resultados porque são despesas do próprio período-base.

9.4 – CRIAÇÃO DE GADO BOVINO

Os estoques de produtos agrícolas, animais e extrativos poderão ser avaliados aos preços correntes de mercado conforme as práticas usuais em cada tipo de atividade.

A avaliação dos estoques aos preços correntes de mercado, na maioria das vezes, antecipa a formação dos lucros, mas é um critério tranquilo de avaliar os estoques, principalmente de gado bovino. Contabilmente, esse critério poderá ser operacionalizado do seguinte modo:

1. a) todos os custos incorridos no período, sejam diretos ou indiretos, serão escriturados numa conta transitória;
2. b) no final do período os estoques de gado serão valorizados aos preços correntes de mercado, de acordo com as idades do rebanho, e a contrapartida do lançamento será a crédito da conta transitória que registrou os custos incorridos no período. O saldo devedor ou credor desta conta irá para a conta de resultados do período.

Os nascimentos serão registrados a débito de estoques e a crédito da conta de receitas como superveniências ativas, a preços de mercado, enquanto as mortes serão registradas a débito da conta de resultado como insubsistências ativas e a crédito da conta de estoques.

10 – CUSTOS DOS SERVIÇOS VENDIDOS (CSV)

Na prestação de serviços, o custo poderá ser obtido por meio da formula:

$CSV = Sin + (MO + GDS + GIS) - Sfi$

Onde:

CSV = Custo dos Serviços Vendidos

Sin = Saldo Inicial dos Serviços em Andamento

MO = Mão de Obra Direta aplicada nos serviços vendidos

GDS = Gastos Diretos (locação de equipamentos, subcontratações, etc.) aplicados nos serviços vendidos

GIS = Gastos Indiretos (luz, mão de obra indireta, depreciações de equipamentos, etc.) aplicados nos serviços vendidos

Sfi = Saldo Final dos Serviços em Andamento

Os atos normativos expedidos pela antiga Secretaria da Receita Federal fazem distinção entre serviços prestados e serviços vendidos. Quando os serviços são produzidos mediante utilização ou exploração de mão-de-obra de terceiros resulta em venda de serviços. Assim, o médico presta serviços em seu consultório enquanto a empresa hospitalar vende serviços médicos. Essa distinção não tem nenhuma relevância, inclusive para efeitos fiscais. Para os efeitos da legislação do imposto de renda a distinção entre custo e despesa operacional tem relevância quando no final do período tem serviços em andamento. Nesta hipótese, se registrar custo de serviço em andamento como despesa operacional haverá postergação do pagamento do imposto de renda em virtude da antecipação do registro de gastos como resultados do exercício, com diminuição do lucro.

11 – AVALIAÇÃO DE ESTOQUES

A avaliação e o controle de estoques envolvem aspectos de gestão, fiscais e técnicos que devem ser observados conjuntamente pelos profissionais envolvidos nas operações com mercadorias.

Os mecanismos de controle de estoques devem prever capacidade de armazenamento; lotes ideais; meios de segurança e vigilância que evitem desvios e desperdícios; agilidade no processamento das movimentações; organização das famílias de itens e o agrupamento de acordo com suas as características próprias; atender as exigências fiscais, como, por exemplo, a escrituração e a manutenção do livro registro de inventário; e às normas contábeis que implicam diretamente nos critérios de avaliação.

A legislação do imposto de renda, através da Lei nº 8.541/92, admite a avaliação dos bens existentes no encerramento do período com base no preço de venda, subtraída a margem de lucro e será tratado em outro boletim com o título "Avaliação de Estoques".

1. CUSTO DAS MERCADORIAS VENDIDAS – CMV

A apuração do custo das mercadorias vendidas está diretamente relacionada aos estoques da empresa, pois representa a baixa efetuada nas contas dos estoques por vendas realizadas no período.

O custo das mercadorias vendidas pode ser apurado através da equação:

$$CMV = EI + C - EF$$

Onde:

CMV = Custo das Mercadorias Vendidas
EI = Estoque Inicial
C = Compras
EF = Estoque Final (inventário final)

2. CUSTO DOS PRODUTOS VENDIDOS - CPV

No caso de produtos (bens produzidos por uma indústria), a fórmula é semelhante ao CMV:

$$CPV = EI + (In + MO + GGF) - EF$$

Onde:

CPV = Custo dos Produtos Vendidos
EI = Estoque Inicial
In = Insumos (matérias primas, materiais de embalagem e outros materiais) aplicados nos produtos vendidos
MO = Mão de Obra Direta aplicada nos produtos vendidos
GGF = Gastos Gerais de Fabricação (aluguéis, energia, depreciações, mão de obra indireta, etc.) aplicada nos produtos vendidos
EF = Estoque Final (inventário final)

COMPOSIÇÃO DOS CUSTOS DE PRODUÇÃO

O § 1º do art. 13 do Decreto-Lei 1.598/77 dispõe que o custo de produção dos bens ou serviços vendidos compreenderá, obrigatoriamente:

1) o custo de aquisição de matérias-primas e quaisquer outros bens ou serviços aplicados ou consumidos na produção, observado o disposto neste artigo;
2) o custo do pessoal aplicado na produção, inclusive de supervisão direta, manutenção e guarda das instalações de produção;
3) os custos de locação, manutenção e reparo e os encargos de depreciação dos bens aplicados na produção;
4) os encargos de amortização diretamente relacionados com a produção;
5) os encargos de exaustão dos recursos naturais utilizados na produção.

3. CUSTO DOS SERVIÇOS VENDIDOS (CSV)

Numa empresa de serviços, a sistemática será semelhante à anterior, sendo a fórmula:

$$CSV = Sin + (MO + GDS + GIS) - Sfi$$

Onde:

CSV = Custo dos Serviços Vendidos
Sin = Saldo Inicial dos Serviços em Andamento
MO = Mão de Obra Direta aplicada nos serviços vendidos
GDS = Gastos Diretos (locação de equipamentos, subcontratações, etc.) aplicados nos serviços vendidos
GIS = Gastos Indiretos (luz, mão de obra indireta, depreciações de equipamentos, etc.) aplicados nos serviços vendidos

Sfi = Saldo Final dos Serviços em Andamento

Capítulo 4 – Acumulação de Custos e Equivalente de Produção

Sistema de acumulação de custos representa a forma com que os custos são transferidos aos produtos ou serviços.

Uma vez calculado os custos de cada centro de custo, é necessário transferir tais custos aos produtos ou serviços.

Então, basicamente, o esquema de trabalho na apuração dos custos será:

1. Determinar os custos diretos e contabilizá-los aos respectivos centros.
2. Fazer o rateio dos custos indiretos e transferi-los aos centros de custos.
3. Transferir os custos assim determinados (1 e 2), incluindo os custos de materiais diretos, para os produtos.

Esta transferência será debitada á conta específica de estoques de produtos em elaboração e creditada na conta de transferência de custos (no subgrupo das contas de centro de custos).

Posteriormente, os produtos que forem concluídos serão transferidos para o estoque de produtos acabados.

Exemplo:

Transferência dos custos de acabamento para os produtos em elaboração:

D – Estoques de Produtos em Elaboração (Ativo Circulante)
C – Transferência de Custos – Acabamento (Conta de Custos)

Na seqüência, os produtos que tiveram sua fabricação concluída, serão transferidos para a conta de estoques de produtos acabados:

D – Estoques de Produtos Acabados (Ativo Circulante)
C - Estoques de Produtos em Elaboração (Ativo Circulante)

Finalmente, o custo dos produtos vendidos será contabilizado como segue:

D – Custo dos Produtos Vendidos (Conta de Resultado)
C - Estoques de Produtos Acabados (Ativo Circulante)

Então, para formar o valor do custo de cada produto, deve-se utilizar um critério específico e coerente (regular), de acordo com uma metodologia lógica, racional.

Antes de decidir quanto ao sistema ou à modalidade de custeio a ser adotada, a empresa deverá escolher o seu sistema de acumulação de custos, orientando-se, estritamente, pelo sistema produtivo da empresa.

Existem dois sistemas básicos de produção - o sistema de produção por encomenda e o sistema de produção contínua.

SISTEMA DE PRODUÇÃO CONTÍNUA: caracteriza-se pela fabricação em série de produtos padronizados.

SISTEMA DE PRODUÇÃO POR ENCOMENDA: caracteriza-se pela fabricação descontínua de produtos não padronizados.

Adotará o sistema de acumulação de custos por ordem ou encomenda a indústria cujo sistema produtivo for predominantemente descontínuo, produzindo bens ou serviços não padronizados e, geralmente, sob encomenda específica dos seus clientes.

A empresa que produz, em série, bens ou serviços padronizados deverá adotar o sistema de acumulação de custos por processo.

Então, de acordo com o sistema de produção, é que se definirá qual será o "sistema de acumulação de custos":

1. Por processo (para produção contínua)
2. Por ordem de produção (para produção por encomenda).

Ambos os processos são perfeitamente viáveis e aceitáveis contábil e fiscalmente. O importante é que um ou outro seja aplicado com base no custo por absorção e pelos custos reais incorridos.

SISTEMA DE ACUMULAÇÃO POR PROCESSO (OU CONTÍNUO)

Quando a fábrica produz de modo contínuo, em série ou em massa, a preocupação da Contabilidade de Custos é determinar e controlar os custos pelos departamentos, pelos setores, pelas fases de produção (processos) e em seguida dividir esses custos pela quantidade de produtos fabricados no processo, durante certo período - custear o processo fabril em determinado período.

O sistema de custos por processo não se preocupa em contabilizar os custos de itens individuais ou grupos de itens. Ao invés disso, todos os custos são acumulados por fase do processo, por operação ou por departamento (centros de custos) e alocados aos produtos em bases sistemáticas.

Esses sistemas são usualmente utilizados em entidades que produzem grandes volumes de produtos uniformes em bases contínuas, como, por exemplo: eletrodomésticos, veículos, móveis (padronizados – em linha), etc.

Em tese, fica fácil para a contabilidade de custos determinar o custo de produção de cada produto, pois bastará dividir todos os custos pelas unidades físicas produzidas no período:

Custo unitário de produção = Custo Total no Período : Unidades Produzidas no Período.

BASE DE INFORMAÇÕES

Para atribuir-se os custos a diversos produtos, diferentes entre si (com etapas de produção também diferentes), deve-se estabelecer um fluxo regular mínimo de informações da engenharia de fábrica.

A contabilidade não "inventa" custos ou dados, mas, objetivamente, baseia-se em apontamentos, cálculos e medições, boa parte advinda do próprio setor produtivo.

A principal informação é a quantidade física de produtos em movimentação (ou serviços executados), detalhados em:

- Quantidade de produtos/serviços produzidos, no período.
- Quantidade de produtos/serviços que permanecem em processamento, no final do período.

Outras informações técnicas, como a ficha técnica do produto, unidades processadas por centro de custos, etc. irão compor os dados necessários para que a contabilidade de custos possa distribuir os custos de forma adequada entre os produtos fabricados ou em fabricação.

CUSTO DO PRODUTO

No processo contínuo, normalmente se custeia os diversos produtos, dividindo-se o custo apurado em cada centro de custo pelas unidades de produtos processados naquele centro.

Se a engenharia de produção informar, regularmente, o tempo dispendido para execução do processamento (horas/homem ou horas/máquina) entre os produtos, pode-se utilizar tal parâmetro para distribuição dos custos.

Em resumo, os passos para se obter o custo dos produtos ou serviços será:

1. Realizar todas as contabilizações do mês, relativamente aos custos (folha de pagamento, provisão de férias e 13º salário, encargos sociais, gastos de manutenção, apropriação das contas de luz, água, cálculo das depreciações, etc.).
2. Fazer a alocação dos custos indiretos aos diversos centros de custo.
3. Distribuir os custos para os produtos ou serviços.

Equivalente de Produção

É um artifício para se poder calcular o custo médio por unidade quando existem Produtos em Elaboração nos finais de cada período; significa o número de unidades que seriam totalmente iniciadas e acabadas se todo um certo custo fosse aplicado só a elas, ao invés de ter sido usado para começar e terminar umas e apenas elaborar parcialmente outras.

EXEMPLO DE EQUIVALÊNCIA DE PRODUÇÃO

1. EXEMPLO PELO MÉTODO DO PEPS

* 1º PERÍODO:
CUSTO TOTAL DA PRODUÇÃO: R$ 10.000,00

UNIDADES PRODUZIDAS: 1500 (1000 iniciadas e acabadas e 500 iniciadas e não acabadas 50% prontas)

EQUIVALENTE TOTAL DE PRODUÇÃO:
- 1000 acabadas integralmente = 1000 unid
- 500 semi-acabadas (metade do processamento/meio acabadas) – 500*50% = 250 unidades

Equivalente total de produção = 1250 unidades

CUSTO MÉDIO UNITÁRIO: 10.000,00 / 1250 unid = 8,00/unid

CUSTO DA PRODUÇÃO ACABADA: 1000 unid * 8,00 = 8000,00

CUSTO DO EF DE PROD. EM ANDAMENTO = 500 unid * 50% * 8,00 = 2.000,00

* 2º PERÍODO:

CUSTO TOTAL DA PRODUÇÃO: R$ 19.800,00

UNIDADES PRODUZIDAS:
- Unidades novas iniciadas: 2000
- 800 unidades iniciadas e não acabadas no 2º período (1/4 acabadas)

- Unidades acabadas: 500 (iniciadas no 2º período) + 2000 (iniciadas no 2º período) – 800 (não acabadas no 2º período) = 1700
- Unidades trabalhadas no 2º período = 500 (1º período) + 2000 (2 período) = 2.500

EQUIVALENTE TOTAL DE PRODUÇÃO:
- 500 (meio acabadas do 1º período - ainda falta acabar 50%) – 250 unidades
- 1200 acabadas integralmente no 2º período = 1200 unid
- 800 semi-acabadas (1/3 processadas no 2° período) – 800 * 1/4 = 200 unidades
Equivalente total de produção = 1650 unidades

CUSTO MÉDIO UNITÁRIO: 19.800,00 / 1650 unid = 12,00/unid

CUSTO DA PRODUÇÃO ACABADA:
- 500 unid: recebeu 2.000,00 no 1º período + (500*50%*12,00) = 5000,00
- 1200 unid novas x 12,00 = 14.400,00
Total do custo da Produção Acabada: R$ 19.400,00
CUSTO DO EF DE PROD. EM ANDAMENTO = 800 unid * 1/4 * 12,00 = 2.400,00

2. EXEMPLO PELO MÉTODO DO CUSTO MÉDIO

* 1° PERÍODO: Mesmo procedimento do PEPS.

* 2º PERÍODO:
Produção em andamento: R$ 2.000,00
Custo da Produção do 2º período: R$ 19.800,00
TOTAL: 21.800,00

EQUIVALENTE TOTAL DE PRODUÇÃO:

- 500 (meio acabadas do 1º período e terminadas no 2º período – utiliza-se o total porque o custo dela do 1º período está no cálculo do custo total de 21.800,00) – 500 unidades
- 1200 acabadas integralmente no 2º período = 1200 unid
- 800 semi-acabadas (1/3 processadas no 2° período) – 800 * 1/4 = 200 unidades
Equivalente total de produção = 1900 unidades

CUSTO MÉDIO UNITÁRIO: 21.800,00 / 1900 unid = 11,47/unid

CUSTO DA PRODUÇÃO ACABADA:
- 1700 unid x 11,47 = 19.505,00 (usei todas as casas depois da virgula p/fechar 21800)

CUSTO DO EF DE PROD. EM ANDAMENTO = 800 unid * 1/4 * 11,47 = 2.295,00

Exercícios:

Propor achar o CPV e o EF de cada produto, pelo método da igualdade do lucro bruto.

1. A empresa Domingues Ltda, iniciou suas atividades de produção com um lote de 20.000 unidades. A matéria-prima é inserida no processo produtivo de uma única vez, no início do processo. A mão-de-obra direta e os custos indiretos de produção incidem de maneira uniforme e concomitante ao longo do processo de produção.

Sua estrutura de custos, no período, foi a seguinte (R$):
Matéria-prima - 15.400,00
Mão-de-obra direta - 11.310,00
Custos indiretos de produção - 8.178,00

No final do período havia 16.000 unidades acabadas e 4.000 unidades em processamento (35% acabadas).

Pede-se calcular:
a) O custo unitário de produção do período
b) O valor de custo do estoque final de Produto Acabado
c) O valor do custo das unidades em processamento no fim do período

RESPOSTAS:
a) R$ 1,89
b) R$ 30.240,00
c) R$ 4.648,00

2.A empresa Biboca produz tubos de plástico de um único modelo. Todos os custos são incorridos uniformemente, do início ao fim do processo.
Abaixo estão relacionados os dados de custos relativos aos meses de junho e julho de 200X (em R$):

	Junho	Julho
Material	255.000	294.365
Mão-de-obra Direta	123.125	174.000
Custos Indiretos	88.000	91.270

Sabendo-se que:
- Não havia quaisquer estoques no início do mês de junho
- Em junho, foram acabadas 100.000 unidades e ainda ficaram 50.000 unidades processadas 3/4
- Em julho, iniciou-se a produção de outras 180.000 unidades, sendo que, consegui-se o término de 170.000 unidades e ainda ficaram 60.000 processadas 40%.
- A empresa utiliza o critério do Custo Medio, para avaliar estoques.

Pede-se calcular:
a) O custo unitário de junho.
b) O custo unitário de julho.
c) O Custo do Estoque Final de Produtos em Processo em 30/junho.
d) O Custo do Estoque Final de Produtos em Processo em 31/julho.

RESPOSTAS:
a) R$ 3,39
b) R$ 3,54
c) R$ 127.125,00
d) R$ 84.960,00

Capítulo 5 – Produção, Formas e Perdas

Na produção de uma empresa industrial existe na estrutura básica um sistema de custeamento, que são reconhecidos os seguintes elementos:

- sistema de acumulação de custos;
- sistema de custeio;
- modalidade de custeio.

SISTEMAS DE ACUMULAÇÃO DE CUSTOS

O sistema de acumulação de custos corresponde ao ambiente básico no qual operam os sistemas e as modalidades de custeio.

Assim, antes de decidir quanto ao sistema ou à modalidade de custeio a ser adotada, a empresa deverá escolher o seu sistema de acumulação de custos, orientando-se, estritamente, pelo sistema produtivo da empresa.

Existem dois sistemas básicos de produção - o sistema de produção por encomenda e o sistema de produção contínua.

SISTEMA DE PRODUÇÃO POR ENCOMENDA: caracteriza-se pela fabricação descontínua de produtos não padronizados;

SISTEMA DE PRODUÇÃO CONTÍNUA: caracteriza-se pela fabricação em série de produtos padronizados.

Consistentemente com os dois sistemas produtivos existem também dois sistemas básicos de acumulação de custos:

1. sistema de acumulação por ordem ou encomenda;

2. sistema de acumulação por processo.

Adotará o sistema de acumulação de custos por ordem ou encomenda a empresa cujo sistema produtivo for predominantemente descontínuo, produzindo bens ou serviços não padronizados e, geralmente, sob encomenda específica dos seus clientes.

Por outro lado, a empresa que produz, em série, bens ou serviços padronizados deverá adotar o sistema de acumulação de custos por processo.

1.1 Sistema de acumulação de custos por ordem de produção

Este é o sistema no qual cada elemento do custo é acumulado segundo ordens específicas de produção referentes a um determinado produto ou lote de produtos. As ordens de produção são emitidas para o início da execução da atividade produtiva e nenhum trabalho poderá ser iniciado sem que seja devidamente precedido pela emissão da correspondente ordem de produção.

Os termos "ordem de fabricação", "ordem de serviço" ou "ordem de trabalho" são sinônimos de "ordem de produção".

A condição indispensável para o adequado custeamento de uma ordem de produção é a sua contínua identificação com uma determinada produção em particular.

O sistema de ordem de produção é o mais apropriado para o custeio de produtos por encomenda, sendo pouco usado nas indústrias de produção em série. Nestas indústrias, a sua utilização restringe-se, normalmente, ao controle de construções e às atividades de manutenção.

Esse sistema apresenta, como não poderia deixar de ser, algumas desvantagens. Dentre elas, destacamos:

· custo administrativo elevado - o sistema exige considerável trabalho burocrático para o registro das informações minuciosas requeridas no adequado preenchimento das ordens de produção;

· controles permanentes são necessários para assegurar a correção dos dados de material e de mão-de-obra direta apropriados a cada ordem de produção;

· quando um embarque parcial é efetuado antes do encerramento da respectiva ordem de produção, faz-se necessária a utilização de estimativas para determinação do custo de vendas dos produtos enviados ao cliente.

1.2 Sistema de acumulação de custos por processo

O sistema de acumulação por processo é usado, invariavelmente, na contabilização dos custos de uma produção em massa. Normalmente, nesse sistema produtivo, todos os produtos são fabricados para estoque; uma unidade de produção é idêntica a outra, os produtos são movimentados no processo de produção continuamente, e todos os procedimentos de fábrica são predominantemente padronizados.

As seguintes características desse sistema podem ser destacadas:

· os custos, diretos ou indiretos, são acumulados nas contas de custos durante um determinado período, sendo reclassificados por departamento ou processo no fim desse período;

· nos casos em que os produtos são processados em mais de um departamento, os custos correspondentes são transferidos para o departamento seguinte, de forma que o custo total vai sendo acumulado até que o produto esteja terminado;

· a produção, em termos de quantidade (quilos, toneladas, unidades etc.), é registrada diária ou semanalmente, sendo preparado, no fim do mês, um demonstrativo dos resultados finais;

· o custo total de cada processo é dividido pelo total da produção, obtendo-se um custo médio por unidade para o período.

SISTEMAS DE CUSTEIO

Uma vez definido o sistema de acumulação de custos a ser utilizado pela empresa, passa-se à escolha do sistema de custeio a ser adotado.

Essa escolha já não depende do sistema produtivo da empresa e sim, principalmente, do tipo de informação e de controle que a gerência pretende obter a partir do sistema de custeio a ser implantado.

Os sistemas de custeio diferenciam-se entre si pela natureza dos dados contábeis utilizados - históricos ou predeterminados.

Assim, são dois os sistemas de custeio:

I - sistema de custeio baseado em dados reais, atuais ou históricos; e

II - sistema de custeio baseado em dados estimados ou predeterminados.

Sistema de custeio histórico

O sistema de custeio baseado em custos históricos ou atuais pode ser definido como um sistema no qual os custos são registrados tais como ocorrem. Em conseqüência disso, nesse sistema, os custos só são determinados após o término da fabricação do produto ou da prestação do serviço da empresa.

Sob esse sistema, o produto é debitado pelo custo atual do material usado, da mão-de-obra aplicada e por uma estimativa dos gastos gerais de fabricação.

Dessa forma, o sistema de custo atual ou histórico contém, no que respeita aos gastos gerais de fabricação, um elemento do custo predeterminado.

Obviamente, o sistema baseado em custos históricos pode ser usado tanto em um ambiente de acumulação de custos por ordem de produção como em um ambiente de acumulação de custos por processo de fabricação em série.

De um modo geral, as seguintes limitações afetam a utilização do custo histórico:

· o custo histórico pode não ser um custo típico, podendo, mesmo, em alguns casos, ser qualificado como um custo acidental;

· devido ao prazo requerido para apuração dos custos históricos e para elaboração dos demonstrativos neles baseados, a sua eficácia gerencial é muito limitada;

· sob um sistema exclusivo de custo histórico, não existe medida de comparação para julgamento imediato do desempenho da empresa. A gerência fica sabendo, apenas, se o custo mais recentemente apurado foi maior ou menor do que aquele verificado em período anterior, mas não disporá de elementos de comparação para poder determinar as operações, os fatores de produção ou as causas das variações constatadas.

Sistema de custeio predeterminado

Como o próprio nome indica, custos predeterminados são custos estabelecidos com antecedência sobre as operações de produção. Assim, em um sistema de custeio baseado em custos predeterminados, tanto o material como a mão-de-obra e os gastos gerais de fabricação são contabilizados com base em preços, usos e volumes previstos.

Os custos predeterminados são usados quando a gerência está interessada, primeiramente, em conhecer quais *deveriam* ser os seus custos, para depois compará-los com os custos reais.

Dentro do sistema de custos predeterminados, contas de variações são usadas para contabilização das diferenças (a mais ou a menos), resultantes da comparação entre o custo realmente incorrido e o respectivo custo predeterminado.

· são importantes como incentivos aos trabalhadores, supervisores e executivos que passam a contar com um padrão de medida do seu desempenho; (inclusive, por exemplo, para avaliação objetiva de resultados em Plano de Participação nos Resultados da Empresa - Lei 10.101/2000).

· permitem uma melhor formulação das políticas de preço e de produção da empresa;

· são medidas unitárias estáveis, das quais a administração pode servir-se para medir a eficiência das operações durante diferentes períodos de tempo;

· a principal desvantagem dos custos predeterminados refere-se ao trabalho e ao tempo requeridos para sua definição, notadamente quando se tratar da fixação de padrões.

MODALIDADES DE CUSTEIO

A terceira etapa na estruturação de um sistema de custos refere-se à modalidade de custeio a ser utilizada.

Como vemos, a diferença entre as modalidades de custeio relaciona-se com o grau de variabilidade dos gastos apropriados aos produtos ou serviços produzidos pela empresa.

Há duas modalidades de custeio:

· a modalidade de custeio por absorção; e

· a modalidade de custeio variável ou direto.

Ambas as modalidades podem ser utilizadas tanto em um sistema de custeio histórico como em um sistema de custeio predeterminado.

Modalidade de custeio por absorção

Quando, ao custear-se os produtos fabricados pela empresa, são atribuídos a esses produtos, além dos seus gastos variáveis, também os gastos fixos, diz-se que se está usando a modalidade de custeio por absorção.

Esta atribuição de gastos fixos, entretanto, implica, naturalmente, a utilização de rateios. E nisso reside a principal falha do custeio por absorção como instrumento de controle. Por mais objetivos que pretendam ser os critérios de rateio, eles sempre apresentarão um forte componente arbitrário, que distorce os resultados apurados por produto e dificulta (quando não impede) as decisões da gerência com relação a assuntos de vital importância para a empresa, como, por exemplo, a determinação de preços de venda ou a descontinuação da fabricação de produtos deficitários.

Para fins fiscais (Imposto de Renda), é obrigatória a utilização do custeio por absorção.

Modalidade de custeio variável

Em oposição à modalidade de custeio por absorção, o custeio variável ou direto toma em consideração, para custeamento dos produtos da empresa, apenas os gastos variáveis. Com isso, elimina-se a necessidade de rateios e, conseqüentemente, as distorções deles decorrentes.

Assim, essa modalidade de custeio apresenta, sobre a modalidade anterior, significativas vantagens no que respeita à apuração dos resultados financeiros gerados pelos diferentes produtos da empresa e às decisões gerenciais.

Entretanto, a grande falha deste sistema, é que não é aceito, perante a legislação do Imposto de Renda. Portanto, a empresa que desejar adotá-lo, deverá fazê-lo mediante controles e relatórios distintos, em complemento à informação contábil.

A diferença de gasto, custo e perda

Gasto – **Sacrifício financeiro com que a entidade arca para a obtenção de um produto ou serviço qualquer, sacrifício esse representado por entrega ou promessa de entrega de ativos (normalmente dinheiro).**

Conceito extremamente amplo e que se aplica a todos os bens e serviços adquiridos; assim, temos Gastos com a compra de matérias-primas, Gastos com mão-de-obra, tanto na produção como na distribuição, Gastos com honorários da diretoria, Gastos na compra de um imobilizado etc. Só existe gasto no ato da passagem para a propriedade da empresa do bem ou serviço, ou seja, no momento em que existe o reconhecimento contábil da dívida assumida ou da redução do ativo dado em pagamento.

Não estão aqui incluídos todos os sacrifícios com que a entidade acaba por arcar, já que não são incluídos o custo de oportunidade ou os juros sobre o capital próprio, uma vez que estes não implicam a entrega de ativos.

Custo – Gasto relativo à bem ou serviço utilizado na produção de outros bens ou serviços.

O custo é também um gasto, só que reconhecido como tal, isto é, como custo, no momento da utilização dos fatores de produção (bens e serviços), para a fabricação de um produto ou execução de um serviço. Exemplos: a matéria-prima foi um gasto em sua aquisição que imediatamente se tornou um investimento, e assim ficou durante o tempo de sua Estocagem; no momento de sua utilização na fabricação de um bem, surge o Custo da matéria-prima como parte integrante do bem elaborado. Este, por sua vez, é de novo um investimento, já que fica ativado até sua venda.

A energia elétrica utilizada na fabricação de um item qualquer é gasto (na hora de sua utilização) que passa imediatamente para custo, sem transmitir pela fase de investimento A maquina provocou um gasto em sua entrada, tornado investimento e parceladamente transformado em custo, à medida que é utilizada no processo de produção de utilidades.

Despesa – Bem ou serviço consumidos direta ou indiretamente para a obtenção de receitas.

A comissão do vendedor, por exemplo, é um gasto que se torna imediatamente uma despesa. O equipamento usado na fabrica, que fora gasto transformado em investimento e posteriormente considerado parcialmente como custo torna-se, na venda do produto feito, uma despesa. A maquina de escrever da secretaria do diretor financeiro, que fora transformada em investimento, tem uma parcela reconhecida como despesa (depreciação), sem transitar por custo. As despesas são itens que reduzem o Patrimônio Líquido e que têm essa característica de representar sacrifícios no processo de obtenções de receitas Todo produto vendido e todo serviço ou utilidade transferidos provocam despesa Costumamos chamá-lo Custo do produto Vendido e assim fazemo-lo aparecer na Demonstração de Resultados; o significado mais correto seria: Despesa que é o somatório dos itens que compuseram o custo de fabricação do produto ora vendido. Cada componente que fora custo no processo de produção agora, na baixa, torna-se despesa. (No Resultado existem Receitas e Despesas – às vezes, Ganhos e Perdas – mas não Custos.)

A mercadoria adquirida pela loja comercial provoca um gasto (genericamente), um investimento (especificamente), que se transforma numa despesa no momento do reconhecimento da receita trazida pela venda, sem passar pela fase de custo. Logo, o nome Custo Das Mercadorias Vendidas não é, em termos técnicos rigorosamente correto.

Logo, todas as despesas são ou foram gastos. Porém, alguns gastos muitas vezes não se transformam em despesas (por exemplo, terrenos, que não são depreciados) ou só se transformam quando de sua venda. Todos os custos que são ou foram gastos se transformam em despesas quando da entrega dos bens ou serviços a que se referem

Muitos gastos são automaticamente transformados em despesas, outros passam primeiro pela fase de custos e outros ainda fazem a via-sacra completa, passando por investimento, custo e despesa.

Perda – **Bem ou serviço consumidos de forma anormal e involuntária.**

Não se confunde com a despesa (muito menos com o custo), exatamente por sua característica de anormalidade e involuntariedade; não é um sacrifício feito com intenção de obtenção de receita. Exemplos comuns: perdas com incêndios, obsoletismo de estoques etc.

São itens que vão diretamente à conta de Resultado, assim como as despesas, mas não representam sacrifícios normais ou derivados de forma voluntária das atividades destinadas à obtenção de receita. É muito comum o uso da expressão Perdas de material da fabricação de inúmeros bens; entretanto, a quase totalidade dessas "perdas" é, na realidade, um custo, já que são valores sacrificados de maneira normal no processo de produção, fazendo parte de um sacrifício já conhecido até por antecipação para a obtenção da receita almejada.

O gasto com mão-de-obra durante um período de greve, por exemplo, é uma perda, não um custo de produção. O material deteriorado por um defeito anormal e raro de um equipamento provoca uma perda, e não um custo; aliás, não haveria mesmo lógica em apropriar-se como custo essas anormalidades e, portanto, acabar por ativar um valor dessa natureza.

Cabe aqui ressaltar que inúmeras perdas de pequeníssimo valor são, na prática, comumente consideradas dentro dos custos ou das despesas, sem sua separação; e isso é permitido devido à irrelevância do valor envolvido. No caso de montantes apreciáveis, esse tratamento não é correto.

Capítulo 6 – Ponto de Equilíbrio

Ponto de Equilíbrio Contábil é o ponto em que o lucro da empresa é zero, ou seja, é o ponto no qual a receita total é igual aos custos e despesas totais. Também chamado de Break-even Point ou Ponto de Ruptura ou Ponto Crítico.

Ponto de equilíbrio contábil = (Custos fixos + despesas fixas) / margem de contribuição unitária

Margem de Contribuição Unitária = Preço de venda unitário menos os custos variáveis unitários e as despesas variáveis unitárias

Exemplo: Considere as seguintes informações:

Capacidade produtiva: 1.400 unidades / mês

Produção atual: 1.000 unidades / mês

Preço de venda: $ 60,00 por unidade

Custo variável: $ 12,00 por unidade

Custo Fixo Total: $ 13.000,00

Despesas variáveis: $ 10,00 por unidade

Despesas fixas totais: $ 9.000,00

Margem de contribuição unitária: Preço de venda (-) custos variáveis e despesas variáveis

Margem de contribuição unitária = $ 60,00 – 12,00 – 10,00

Margem de contribuição unitária = $ 38,00

Custos fixos+ Despesas fixas = $13.000 + $9.000 = $22.000

Ponto de equilíbrio: $22.000 / $ 38 = 578,9 unidades.

Ponto de equilíbrio financeiro: Não leva em conta a Depreciação, Amortização e Exaustão (que diminuem o lucro, mas não representam saída de caixa).

Ponto de Equilíbrio Financeiro = (Custos fixos e despesas fixos – depreciação, amortização e exaustão) / margem de contribuição unitária.

Ponto de equilíbrio econômico: Considera o Custo de Oportunidade no cálculo do ponto de equilíbrio.

Ponto de equilíbrio econômico: (custos fixos e despesa fixos + custo de oportunidade)/margem de contribuição

Em algumas questões, é pedido a margem de lucro ou o valor de lucro, para calcular o ponto de equilíbrio econômico.

Para fixar esses conceitos, vamos examinar uma questão do ICMS RJ 2011 – FGV:

(FGV/Auditor Fiscal/ICMS RJ/2011)

– Gasto Fixo Total: $ 1.000

– Custo Variável Unitário: $ 5

– Preço de Venda Unitário: $ 10

– Gasto com Depreciação: $ 200

– Custo de Oportunidade: $ 200

Os Pontos de Equilíbrio Contábil, Financeiro e Econômico, considerando os dados acima, serão, respectivamente,

a) 160, 240 e 200 unidades.

b) 240, 200 e 160 unidades.

c) 200, 160 e 240 unidades.

d) $ 200, $ 160 e $ 240.

e) $ 240, $ 200 e $ 160.

Comentários

Ponto de equilíbrio contábil: custo fixo total/margem de contribuição unitária.

Ponto de equilíbrio contábil: 1.000/(10 – 5) = 200,00 unidades.

Ponto de equilíbrio econômico: (custo fixo total + custo de oportunidade)/margem de contribuição unitária.

Ponto de equilíbrio econômico: (1.000 + 200)/(10 – 5) = 240 unidades.

Ponto de equilíbrio financeiro: (custo fixo total – depreciação)/margem de contribuição unitária.

Ponto de equilíbrio financeiro: (1.000 – 200)/(10 – 5) = 160 unidades.

Gabarito: C.

(Cuidado com a alternativa D. O ponto de equilíbrio foi calculado em unidades, e não em valores ($))

Portanto, "Ponto de Equilíbrio" é o valor em que as receitas se igualam aos custos de despesas da empresa mercantil.

A contabilidade fornece elementos imprescindíveis para o cálculo deste valor. Todo gestor financeiro precisa saber qual a operação mínima da empresa, na qual seus custos e despesas são integralmente pagos.

A vantagem de se conhecer o ponto de equilíbrio é que permite auxiliar decisões, como retirada de linhas de produtos do mercado, saneamento de prejuízos e enxugamento estrutura operacional.

O cálculo do ponto de equilíbrio é relativamente simples, utilizando-se quase que exclusivamente os dados contábeis.

A primeira tarefa é separar os custos e despesas variáveis dos custos e despesas fixos.

CUSTOS E DESPESAS VARIÁVEIS

Os custos e despesas variáveis são aqueles que variam de acordo com o volume de vendas ou de produção.

Numa idéia simples, se o faturamento da empresa é $100, e no período seguinte for $150, então os custos e despesas variáveis aumentarão na mesma proporção ($150/$100 = 50%).

Como exemplos de custos e despesas variáveis, temos:

- Matéria-Prima consumida
- Serviços de Terceiros, remunerados por peça, aplicadas em unidades produzidas
- Material de Embalagem nos produtos acabados
  - Impostos sobre Vendas (ICMS, PIS, COFINS). O IRPJ e a CSLL também serão custos variáveis, quando calculados sobre a venda (lucro presumido ou arbitrado).
  - Comissões e Fretes Pagos sobre Vendas
  - Tarifas bancárias de cobrança
  - Despesas relacionadas á movimentação financeira e de volume de estoques, como CPMF (0,38% sobre a movimentação financeira), despesas financeiras sobre estocagem (taxa de mercado x volume de estoques mantidos), participação dos empregados sobre resultados operacionais (quando tal cálculo for diferente dos critérios contábeis), etc.

Para facilitar o cálculo do montante variável de custos e despesas, precisa-se ter um plano de contas adequado, em que os valores acima citados (e outros) sejam destacados contabilmente.

PIS E COFINS SOBRE RECEITAS

Uma confusão muito comum é a contabilidade registrar PIS e COFINS sobre receitas financeiras e outras receitas na mesma conta do PIS e COFINS sobre vendas. O gestor precisa estar atento para que tais valores sejam contabilizados separadamente.

CPMF

A CPMF, frequentemente, é contabilizada (erroneamente) como "despesa financeira". Trata-se de uma despesa tributária, sendo a mesma variável, porque, quanto maior o volume de operações, maior será a movimentação financeira da empresa (base de cálculo da incidência da CPMF).

TARIFAS DE COBRANÇA

O mesmo se pode dizer das tarifas bancárias de cobrança. Numa empresa que tenha cobranças de valores pequenos (duplicatas de R$ 50,00 a R$ 500,00), as tarifas bancárias de cobrança tem peso significativo sobre as vendas, devendo ser separadas em conta específica, e tratadas como despesas variáveis.

PARTICIPAÇÃO NOS LUCROS

Um detalhe que poucos gestores ficam atentos é quanto á questão de participação dos resultados dos trabalhadores (e administradores). Se esta participação for calculada sem vínculo direto com o resultado contábil (lucro ou prejuízo), poderá ocorrer que tal despesa seja nitidamente um custo variável, para fins de análise gerencial.

Exemplo:

Determinada empresa definiu, no Plano de Participação de Resultados, que anualmente seria distribuído aos funcionários do setor produtivo 5% (cinco por cento) da economia de resíduos obtida no período.

Ora, quanto maior o nível de atividades, obviamente (em tese), maior o nível de "economia potencial" de resíduos. Assim, tal participação é variável, pois dependerá do maior ou menor volume de consumo da produção.

IRPJ E CSLL SOBRE VENDAS

Quando a empresa optar pela tributação pelo lucro presumido ou arbitrado, o IRPJ e CSLL devidos são calculados sobre a receita, e não sobre o resultado.

Portanto, nesta hipótese, referidos tributos são despesas variáveis.

ENERGIA ELÉTRICA E OUTRAS DESPESAS DE PRODUÇÃO

Uma dificuldade comum é fixar o montante da energia elétrica e outros custos de produção (como água e manutenção de equipamentos), relacionados ao nível de atividade.

Cabe á engenharia de fábrica medir tais consumos com base na variação do volume de produção, permitindo que a contabilidade gerencial determine a separação dos montantes fixos e variáveis de tais contas.

FOLHA DE PAGAMENTO

Normalmente, a folha de pagamento do pessoal diretamente associado á produção é considerada como custo variável.

Também as comissões calculadas sobre vendas, do pessoal da área comercial, são consideradas despesas variáveis.

Os demais itens da folha (pessoal de supervisão, administração, suporte) são considerados fixos.

Cabe ressaltar que a folha de pagamento não se constitui somente no valor dos salários. A tais verbas devem se somar:

Encargos Sociais (INSS e FGTS)
Encargos Trabalhistas (Horas extras, 13º. salário, férias, DSR)
Plano de Alimentação do Trabalhador
Vale Transporte
Assistência Médica/Odontológica, etc.
(...)

Capítulo 7 – Estoques

Estoques são os valores referentes às exigências de produtos acabados, produtos em elaboração, matérias-primas, mercadorias, materiais de consumo, serviços em andamento e outros valores relacionados às atividades-fins da entidade.

O termo "estoque" refere-se a todos os bens tangíveis mantidos para venda ou uso próprio no curso ordinário de negócio, bens em processo de produção para venda ou para uso próprio ou que se destinam ao consumo na produção de mercadorias para venda ou uso próprio.

Os ESTOQUES estão representados por materiais diversos, que devem estar subdivididos em contas de conformidade com a sua finalidade.

Na INDÚSTRIA - São comuns nas indústrias os estoques de matérias primas destinadas à produção, de produtos em elaboração e de produtos acabados; podem existir estoques de conjuntos a serem utilizados na produção, que podem ser fabricados por terceiros.

No COMÉRCIO - São comuns os estoques de mercadorias para revenda. Estas mercadorias estão nas lojas em pequenas quantidades. As quantidades mais significativas geralmente estão em Depósitos Fechados (não abertos ao público consumidor). Muitas empresas têm transformado esses Depósitos Fechados em lojas abertas ao público por estarem situados na periferia das grandes cidades onde os custos de locação são menores e é mais fácil o estacionamento de veículos.

Nas PRESTADORAS DE SERVIÇOS - São comuns os estoques de peças de reposição para utilização nos serviços a serem prestados.

A contabilização dos Estoques deve ser efetuada em contas apropriadas de conformidade com a função e o funcionamento de cada uma.

Seguindo o conceito de liquidez, o subgrupo estoques classifica-se no Circulante, após os outros créditos.

Todavia, poderão haver casos de empresas que tenham estoques cuja realização ultrapasse o exercício seguinte, assim deve haver a reclassificação dos estoques para o Realizável a Longo Prazo, em conta à parte.

CONCILIAÇÃO

O saldo das contas deve conciliado mensalmente por ocasião do levantamento dos balancetes e balanços ou em períodos menores.

Eventuais diferenças devem ser regularizadas pelo menos por ocasião do levantamento de balancetes e balanços, quando então se fará o lançamento de acerto dos saldos.

INVENTÁRIO

Os subtítulos da conta Estoques devem ser inventariados pelo menos mensalmente por ocasião do levantamento dos balancetes e dos balanços patrimoniais ou intermediários. Para tal deve ser lavrado termo de apuração, efetuada por profissional estranho aos dos almoxarifados.

Os valores constantes do Termo de Apuração devem ser comparados com a escrituração contábil, e caso sejam apuradas diferenças entre os valores inventariados e os contabilizados, devem ser apuradas as razões dessas diferenças, atribuídas as responsabilidades e contabilizados os ajustes.

AVALIAÇÃO

Os estoques de mercadorias, matérias-primas, outros materiais e componentes são avaliados pelo custo de aquisição ou pelo valor de mercado, quando este for menor.

Os estoques de produtos acabados e em elaboração e os serviços em andamento são avaliados pelo custo de produção, ou valor de mercado quando este for menor.

Os estoques obsoletos ou inservíveis são avaliados pelo valor líquido de realização e os estoques invendáveis devem ser baixados.

Os estoques de animais e de produtos agrícolas e extrativos, destinados à venda poderão ser avaliados pelo valor de mercado, quando atendidas as seguintes condições:

a) que a atividade seja primária;

b) que o custo da produção seja de difícil determinação;

c) que haja um efetivo mercado que possibilite a liquidez imediata desse estoque e que valide a formação do seu preço;

d) que seja possível estimar o montante das despesas de realização de venda.

Os estoques devem ser avaliados pelo seu preço de custo no sistema PEPS - Primeiro a Entrar é o Primeiro a Sair ou no sistema de Custo Médio.

OUTRAS CONSIDERAÇÕES

As sucatas e os subprodutos são as sobras, pedaços, resíduos, aparas e outros materiais derivados da atividade industrial que têm como característica nascerem do processo da produção.

A diferença entre um e outro reside no fato de que a sucata não tem um mercado garantido de comercialização e os preços bastante incertos enquanto os subprodutos têm condições de demanda e de preços bons.

Contabilmente, os custos incorridos nos bens sucateados devem ser agregados aos custos de fabricação dos produtos bons aproveitados. No caso de sucatas que não sejam relativas ao processo de produção, os seus custos devem ser retirados do custo de produção e lançados como perdas no resultado do período.

Os estoques de sucata a serem comercializados existirão fisicamente, devendo ser controlado pela empresa, no entanto, não terá valor contábil.

Por ocasião da comercialização das sucatas, o valor da receita será reconhecido nesse momento no resultado no subgrupo "outras receitas operacionais".

INVENTÁRIO DE ESTOQUES - PROCEDIMENTOS

No final de cada exercício, as empresas devem inventariar seus estoques de materiais (matérias primas, materiais de embalagem, etc.), produtos acabados e em elaboração, serviços em andamento e mercadorias para revenda. avaliados pelo custo de produção. Para isto, a contabilidade deve atender os requisitos anteriormente explanados, além de manter tal sistema de custos integrado e coordenado com o restante da escrituração contábil.

A base da integração é o controle permanente de estoques, que normalmente é informatizado e permite o acompanhamento diário dos estoques (saldo inicial, compras, saídas e saldo final), tanto físico quanto financeiro.

O plano de contas contábil deverá registrar todos os custos de produção (materiais, mão de obra direta e gastos gerais de fabricação), transferindo-os aos custos dos produtos, mediante rateio ou planilha, cujos métodos devem ser aplicados uniformemente.

EMPRESA QUE NÃO MANTÉM CONTROLE DE ESTOQUES

Para as empresas que não mantém registro permanente de estoque, e, por conseguinte, não têm condições de apurar o inventário físico-financeiro dos mesmos, deve-se atentar para os critérios de avaliação dos estoques seguinte:

INSUMOS E MERCADORIAS:

Devem ser avaliadas pelo custo de aquisição mais recente.

PRODUTOS ACABADOS E EM ELABORAÇÃO:

Os estoques deverão ser avaliados de acordo com o seguinte critério (RIR/1999, art. 296):

a) os de materiais em processamento, por uma vez e meia o maior custo das matérias-primas adquiridas no período, ou em 80% do valor dos produtos acabados, determinado de acordo com a alínea "b" a seguir;

b) os dos produtos acabados, em 70% do maior preço de venda no período de apuração.

Tal inventário deve ser escriturado no "Livro de Registro de Inventário", sendo que devem ser observadas as prescrições fiscais exigidas (ICMS, IPI e Imposto de Renda).

CRITÉRIOS DE AVALIAÇÃO

O custo das mercadorias revendidas e das matérias-primas utilizadas será determinado com base em registro permanente de estoque ou no valor dos estoques existentes, de acordo com o livro de inventário, no fim do período de apuração.

O valor dos bens existentes no encerramento do período-base poderá ser o custo médio ou dos bens adquiridos ou produzidos mais recentemente.

A empresa que mantiver sistema de custo integrado e coordenado com o restante da escrituração poderá utilizar os custos apurados para avaliação dos estoques de produtos em fabricação e acabados.

CONCEITO DE CUSTO INTEGRADO E COORDENADO COM A ESCRITURAÇÃO

Considera-se sistema de contabilidade de custo integrado e coordenado com o restante da escrituração aquele:

I – apoiado em valores originados da escrituração contábil (matéria-prima, mão-de-obra direta, custos gerais de fabricação);
II – que permite determinação contábil, ao fim de cada mês, do valor dos estoques de matérias-primas e outros materiais, produtos em elaboração e produtos acabados;
III – apoiado em livros auxiliares, fichas, folhas contínuas, ou mapas de apropriação ou rateio, tidos em boa guarda e de registros coincidentes com aqueles constantes da escrituração principal;
IV – que permite avaliar os estoques existentes na data de encerramento do período de apropriação de resultados segundo os custos efetivamente incorridos.

Base: art. 294 do RIR/99.

EMPRESA QUE MANTÉM SISTEMA INTEGRADO DE CUSTOS COM A CONTABILIDADE

Quando a empresa possui sistema de custos regular, elaborado de acordo com as leis comerciais e conforme procedimentos contábeis normalmente utilizados, os produtos em fabricação e acabados serão Os estoques de produtos agrícolas, animais e extrativos poderão ser avaliados pelos preços correntes de mercado, conforme as práticas usuais em cada tipo de atividade (RIR/1999, art. 297). Essa faculdade é aplicável aos produtores, comerciantes e industriais que lidam com esses produtos (PN CST Nº 5/1986, subitem 3.3.1.2).

SERVIÇOS EM ANDAMENTO

Caso a empresa seja de serviços, e na data do balanço esteja com serviços em execução, deverá apurar os respectivos custos de serviços e contabilizá-los como "serviços em andamento" (conta de estoque).

EXERCÍCIOS PROPOSTOS

Exercícios custos –

01) Qual das seguintes alternativas não é considerado um custo de produção?
a) Custo de material direto
b) Custo indireto de fabricação
c) Salário de vendas
d) Custo de mão-de-obra direta.

02) Qual dos seguintes custos seriam incluídos como parte dos custos indiretos de fabricação de um fabricante de microcomputadores?
a) Custos dos chips de memória
b) Depreciação do equipamento de teste
c) Salário dos montadores de computadores
d) Custo de unidades de disco

03) Para qual das seguintes alternativas seria adequado o sistema de custos por ordem?
a) Oficina de restauração de móveis antigos
b) Fábrica de borracha
c) Mineração de carvão
d) Todas anteriores

04) Se a conta de custo indireto de fabricação tiver um saldo credor, diz-se que o custo indireto está:
a) subaplicado
b) superaplicado
c) subabsorvido
d) errado.

05) Podemos identificar como funções principais da contabilidade custos:
a) a avaliação dos estoques e o cálculo das participações dos acionistas;
b) o auxílio ao controle e à tomada de decisões no processo administrativo;
c) o levantamento do balanço patrimonial e a avaliação de estoques;
d) a colocação do contador em papel de destaque e o aumento do lucro empresarial;
e) a apuração dos custos e despesas das atividades de produção e comercialização.

06) A contabilidade de custos pode ser dividida em:
a) contabilidade comercial e industrial;
b) contabilidade industrial e de serviços;
c) contabilidade gerencial e financeira;
d) contabilidade de produção e comercialização;
e) contabilidade comercial e de serviços.

07) A área da contabilidade que trata dos custos incorridos na produção de bens é denominada:
a) contabilidade comercial;
b) contabilidade gerencial;
c) contabilidade de serviços;
d) contabilidade industrial;
e) contabilidade financeira.

08) Indique a alternativa que não representa custo:
a) salários dos operadores de máquinas de fabricação;
b) depreciação de máquinas de fabricação;
c) honorários do diretor industrial e respectivos encargos sociais;
d) salários dos funcionários do departamento de vendas;
e) energia elétrica consumida pelas máquinas de fabricação.

09) Não integram o custo de produção das indústrias os valores correspondentes a:
a) matérias-primas utilizadas na produção;
b) materiais indiretos utilizados na produção;
c) despesas de vendas de produtos;
d) MOD aplicada;
e) gastos gerais de fabricação.

10) Indique a alternativa correta:
a) normalmente, a atividade comercial tem um ciclo operacional de prazo superior ao da atividade industrial;
b) a atividade industrial exige um nível mais elevado de imobilizações do que a atividade comercial;
c) a atividade industrial se caracteriza por só aplicar recursos próprios;
d) as dívidas decorrentes das atividades normais da indústria são denominadas créditos de funcionamento;
e) as obrigações contraídas pelas indústrias como forma de obterem recursos destinados às suas atividades normais são denominadas de créditos de financiamento.

11) Um apartamento, adquirido e alugado por empresa industrial, é bem:
a) do ativo diferido;
b) fixo;
c) numerário;
d) de renda;
e) venda.

12) Máquina destinada à produção de calçados é, para a indústria calçadista, um bem:
a) de renda, produzindo bens de venda;

b) fixo, produzindo bens de renda;
c) fixo, porque é utilizado mais tempo que o bem de renda;
d) fixo, de renda;
e) fixo, produzindo bens de venda.

13) O estoque de produtos em elaboração é composto de bens de:
a) de venda, porque após acabados, serão vendidos;
b) de renda, porque, após acabados, sua venda resultará em renda;
c) semifixos, porque, enquanto sua estocagem é de menor giro, a de produtos acabados gira menos lentamente;
d) de renda;
e) de reposição automática, porque não podem ser vendidos, mas devem se renovados para se incorporarem aos custos diretos.

14) As indústrias que podem operar durante todo o ano, sem que precisem suspender suas atividades em determinados períodos, são denominadas:
a) intermitentes;
b) simples;
c) complexa;
d) perenes;
e) uniformes.

15) A indústria em que o esforço de produção, gera produtos diversificados e obtidos simultaneamente é denominada indústria de produção:
a) complexa;
b) simples;
c) conjunta concomitante;
d) conjunta sucessiva;
e) conjunta uniforme.

16) Entre as afirmativas seguintes, apenas uma está incorreta, assinale-a:
a) a contabilidade gerencial tem por objetivo adaptar os procedimentos de apuração o resultado das empresas comerciais para as empresas industriais;
b) a contabilidade de custos presta duas funções dentro da contabilidade gerencial, fornecendo dados de custos para auxílio ao controle e para a tomada de decisões;
c) os custos de produção reúnem o custo do material direto, o custo da mão de obra e os demais custos indiretos de fabricação;
d) o objetivo básico da contabilidade gerencial é o de fornecer à administração instrumentos que a auxiliem em suas funções gerenciais;
e) o custo pode ser entendido como o gasto relativo à bem ou serviço utilizado na produção de outros bens ou serviços.

17) Indique a terminologia mais abrangente, entre as abaixo relacionadas, em relação a contabilidade de custos:
a) custo;
b) investimento;
c) gasto;
d) despesa;
e) desembolso.

18) A comissão dos vendedores dos produtos de uma indústria representa:
a) um custo;
b) uma despesa;
c) uma perda produtiva;
d) investimento;
e) perda improdutiva.

19) É um gasto identificável no momento da utilização dos fatores de produção:
a) custo;
b) despesa;
c) desembolso;
d) investimento;
e) perda improdutiva.

20) Pagamento proveniente da aquisição de bens ou serviços:
a) perda;
b) custo;
c) despesa;
d) desembolso;
e) provisionamento.

21) Se, num incêndio, houver a queima de certos estoques, teremos, em função disso:
a) um custo;
b) uma perda normal;
c) uma despesa;
d) um desembolso;
e) uma perda anormal.

22) As contas de matérias primas e materiais indiretos de fabricação (ou custos indiretos), como componentes de custo, ligam-se a fatos cuja ordem de formação ou constituição, como eventos patrimoniais, em uma indústria, é seqüencial. Qual das seqüências, no processo produtivo, pode-se considerar como natural ou lógica?
a) compra – armazenagem – produção – armazenagem;
b) compra – produção – venda – armazenagem;
c) armazenagem – compra – venda – produção;

d) compra – armazenagem – venda – produção;
e) armazenagem – produção – compra – venda.

23) Na escrituração contábil de uma empresa industrial, os valores dos encargos das depreciações dos equipamentos de produção e das máquinas do escritório da administração geral devem ser registrados:
a) a débito das contas encargos de depreciação de equipamentos e encargos de depreciação de móveis e utensílios, devendo o saldo da primeira integrar o custo dos produtos de fabricação própria da empresa;
b) a débito das contas encargos de depreciação de equipamentos e encargos de depreciação de móveis e utensílios, que terão seus saldos transferidos diretamente para resultado de exercício na data do balanço;
c) a débito da conta encargos de depreciação, que terá seu saldo transferido diretamente para resultado de exercício na data do balanço;
d) a débito das contas depreciação acumulada de equipamentos e depreciação de móveis e utensílios, devendo o saldo da primeira integrar o custo dos produtos de fabricação própria da empresa;
e) a débito das contas depreciação acumulada de equipamentos e depreciação de móveis e utensílios, que terão seus saldos transferidos diretamente para resultado de exercício na data do balanço.

24) Em relação a custos, é correto afirmar que:
a) os custos fixos totais mantêm-se estáveis, independentemente do volume da atividade fabril;
b) os custos variáveis de produção crescem proporcionalmente à quantidade produzida, em razão inversa;
c) os custos fixos unitários decrescem na razão direta da quantidade produzida;
d) os custos variáveis unitários crescem ou decrescem, de conformidade com a quantidade produzida;
e) o custo industrial unitário, pela diluição dos custos fixos, tende a afastar-se do custo variável unitário, na medida em que o volume da produção aumenta.

25) Uma empresa restringiu a sua linha de produção a um único produto. Assim sendo, a energia elétrica gasta na sua fábrica será considerado:
a) custo indireto variável;
b) custo indireto fixo;
c) custo direto fixo;
d) custo direto variável;
e) despesa operacional.

Os levantamentos de dados do departamento de produção da Cia Valência apontam os seguintes dados:

Itens consumidos	Produto A	Produto B	Total
Materiais indiretos identificados	1.600.000,00	2.400.000,00	4.000.000,00
Mão de obra direta	2.400.000,00	3.600.000,00	6.000.000,00
Mão de obra indireta	800.000,00	1.200.000,00	2.000.000,00
Matéria prima	4.200.000,00	2.800.000,00	7.000.000,00
Horas de produção no período	2.000 horas	1.000 horas	3.000 horas

Informações complementares:
- além dos custos já identificados aos produtos, foi verificada a existência de outros custos indiretos, comuns aos dois produtos, no valor de de $.1.800.000,00;
- no período foram iniciadas e completadas 10.000 unidades de cada um dos produtos A e B;
- por decisão da diretoria industrial, os custos comuns devem ser atribuídos aos produtos em função das horas de produção.

Com base nos dados fornecidos, assinale, nas questões 26 e 27, a opção que completa corretamente cada questão.

26) Os custos unitários dos produtos A e B são respectivamente:
a) $ 1.020,00 e $ 1.060,00;
b) $ 1.060,00 e $ 1.020,00;
c) $ 1.040,00 e $ 1.060,00;
d) $ 1.060,00 e $ 1.040,00;
e) $ 1.020,00 e $ 1.040,00.

27) Considerando que foram vendidos apenas 80% dos produtos B e que não havia outro estoque inicial ou final, pode-se afirmar que o estoque final do produto B é:
a) $ 2.040.000,00;
b) $ 2.100.000,00;
c) $ 2.120.000,00;
d) $ 2.140.000,00;
e) 4 2.080.000,00.

28) Foram anotados os seguintes dados na execução de uma encomenda:
- Matéria prima requisitada: R$ 1.800.000,00;
- Mão de obra direta: 50 horas a R$ 20.000,00 a hora;
- Encargos sociais: 20% da mão de obra;
- Gastos gerais de produção: estimados em 25% da mão de obra.

Sabendo-se que os gastos gerais de produção incorridos no período, relativos à encomenda, somam R$ 275.000,00, podemos afirmar que os gastos com a execução da encomenda totalizaram:
a) R$ 3.025.000,00,
b) R$ 3.050.000,00,
c) R$ 3.075.000,00,
d) R$ 3.250.000,00,
e) R$ 3.275.000,00.

29) Considere os dados abaixo:

Estoques em R$	Inicial	Final
Matéria-prima	8,00	6,00
Produtos em elaboração	4,00	5,00
Produtos prontos	3,00	15,00

Sabendo-se que:
- o custo dos produtos vendidos foi de R$ 7,00;
- os custos de mão de obra direta foram de R$ 10,00;
- os gastos gerais de produção foram de R$ 8,00;
- não foram feitas aquisições de matéria prima;
- foram produzidas 10 unidades.

Podemos afirmar que o custo unitário de produção do produto acabado, no período foi de:
a) R$ 1,90
b) R$ 2,00
c) R$ 0,20
d) R$ 1,50
e) R$ 0,90

30) Uma empresa industrial, que apura seus custos através dos departamentos A, B, C, apropria o valor das despesas com consumo de energia elétrica levando-se em conta que:
- o departamento A opera com 5 máquinas;
- o departamento B opera com o dobro de máquinas, em relação ao departamento A;
- o departamento C não opera máquinas;
- as máquinas são iguais entre si e registraram o mesmo consumo, no período.
Sabendo-se que as despesas de energia elétrica, no período, foram de R$ 150.000,00, a contabilidade industrial apropriou:
a) R$ 50.000,00 em A, R$ 75.000,00 em B e R$ 25.000,00 em C;
b) R$ 150.000,00 em A, e R$ 150.000,00 em B;
c) R$ 50.000,00 em A, e R$ 150.000,00 em B;
d) R$ 75.000,00 em A, e R$ 75.000,00 em B;

e) R$ 50.000,00 em A, e R$ 100.000,00 em B.

31) Na área fabril de uma empresa, constituída por um prédio, ocorreram os seguintes custos:
- depreciação do prédio   R$ 8.000,00
- iluminação do prédio   R$ 7.000,00
- imposto predial   R$ 8.000,00
- mão de obra:
    - direta   R$ 8.000,00
    - indireta   R$ 7.000,00
- seguro contra incêndio do prédio   R$ 7.000,00
    (parcela incorrida no período)

Sabendo-se que:
- não houve encargos sociais no período;
- no total dos custos acima mencionados estão incluídos todos os gastos gerais da fabricação do período;
- no final desse período a conta gastos gerais de fabricação apresentava o saldo de R$ 5.000,00;
Assinale a alternativa correta que contém o valor dos gastos gerais de fabricação debitados na conta produtos em elaboração:
a) R$ 32.000,00
b) R$ 45.000,00
c) R$ 30.000,00
d) R$ 33.000,00
e) R$ 40.000,00

32) Os dados abaixo referem-se a folha de pagamento de uma empresa industrial:

Mão de obra direta	100.000,00
Mão de obra indireta	45.000,00
Salários do pessoal de venda	40.000,00
Salários do pessoal da administração	30.000,00
Seguros dos trabalhadores na produção: mão de obra direta	5.000,00
Seguros dos trabalhadores na produção: mão obra indireta	2.500,00
Contribuição Previdenciária a cargo do empregador:	
Mão de obra direta	13.000,00
Mão de obra indireta	6.000,00
Pessoal de vendas	1.500,00
Pessoal da administração	1.000,00
Imposto de renda retido na fonte	35.000,00
Contribuição previdenciária dos empregados	7.500,00

Os gastos gerais de fabricação (ou custos gerais de produção) da empresa, com base nos valores a que se refere a folha de pagamento reproduzida acima, foram de:
a) R$ 45.000,00
b) R$ 43.500,00
c) R$ 39.500,00
d) R$ 8.500,00
e) R$ 53.500,00

33) Uma empresa para fabricar 1.000 unidades mensais de um determinado produto, realiza os seguintes gastos:
- Matéria prima   R$ 400.000,00
- Mão de obra direta   R$ 300.000,00
- Mão de obra indireta   R$ 100.000,00
- Custos fixos   R$ 200.000,00

Se a empresa produzir 1.200 unidades desse produto, por mês com as mesmas instalações e com a mesma mão de obra, o custo por unidade produzida corresponderá a:
a) R$ 900,00
b) R$ 833,33
c) R$ 1.000,00
d) R$ 966,66
e) R$ 950,00

34) A companhia EE – Indústria e Comércio, no balanço de verificação relativo ao encerramento do exercício social em 31.12.x7, apresentava saldo da conta seguros a vencer de R$ 240,00, referente a apólice de seguro contratada em 01.04.x7 com validade de um ano, para cobertura dos seguintes ativo:

Ativos cobertos	Valor segurado
- Máquinas industriais	R$ 2.400,00
- Equipamentos da administração central	R$ 1.200,00

Assinale a alternativa que contenha o lançamento correto, para a apropriação de custos e despesas do período:
a) Seguros a vencer
    a Prêmio de seguro fábrica   160,00
    a Prêmio de seguro administração   80,00   240,00
b) Despesas administrativas
    a Gastos gerais de fabricação   120,00
    a Seguros a vencer   60,00   180,00
c) Despesas de seguro
    a Seguros a vencer   240,00
d) Gastos gerais de fabricação   120,00
   Despesas administrativas   60,00
    a Seguros a vencer   180,00

e) Prêmio de seguro fábrica   180,00
   Prêmio de seguro administração   60,00
       a Seguros a vencer   240,00

35) Em 31.12.x7, a CIA Pará apresentava os seguintes dados relativos ao estoques finais de matéria-prima:

Matéria-prima	Qtdade em unid.	Custo total	Custo mercado
A	1.000	2.000,00	1.800,00
B	1.500	6.000,00	7.500,00
C	2.000	8.000,00	7.000,00

Com base nestes dados, o valor total do estoque de matéria-prima que deve ser evidenciado no balanço patrimonial é:
a) $ 14.800,00
b) $ 16.000,00
c) $ 16.500,00
d) $ 15.000,00
e) $ 15.800,00

36) Os itens de produção que nascem de forma normal durante o processo produtivo, porém não possuem mercado definido, e cuja venda é aleatória, são denominados:
a) perdas produtivas;
b) subprodutos;
c) sucatas;
d) co-produtos;
e) ganhos produtivos.

37) Considere os dados abaixo de uma empresa comercial varejista, (foi adotado como método de avaliação de estoque média ponderada):
- Vendas – 4000 unidades a R$ 15,00 cada   R$ 60.000,00
- ICMS – 18% s/vendas   R$ 10.800,00
- Compras – 3.600 unidades a R$ 10,00 cada   R$ 36.000,00
- ICMS s/compras – 18%   R$ 6.480,00
- IPI s/compras – 4%   R$ 1.440,00
- Frete e seguros s/compras   R$ 2.240,00
- Estoque inicial – 800 unidades a R$ 8,00   R$ 6.400,00
- Lucro bruto   R$ 13.200,00

O valor do estoque final é de:
(Nota abandone, a partir da 3ª casa decimal)
a) R$ 3.018,18

b) R$ 3.265,45
c) R$ 3.600,00
d) R$ 3.854,54
e) R$ 4.058,18

38) Indique a opção correta:
a) Ao adotar o método de avaliação de estoques denominado UEPS, em lugar do método denominado PEPS, a empresa estará superavaliando seu resultado de exercício, se os preços se mantiverem em elevação;
b) Em um ambiente de constante elevação de preços, a avaliação de estoque final pelo método do custo médio ponderado indicará um valor maior do que o obtido quando a avaliação é feita pelo método PEPS e um valor menor do que aquele resultante da avaliação pelo método UEPS;
c) Para efeito de apuração do resultado de exercício, é indiferente que a avaliação dos estoques seja feita pelo método o custo médio ponderado ou pelo método UEPS, se o ambiente econômico for de estabilidade permanente de preços;
d) Em um ambiente econômico de constante elevação de preços, a avaliação de estoques deve ser feita pelo método do custo médio ponderado, porque é o único método em que o valor dos estoques se iguala ao valor de reposição;
e) O resultado do exercício será maior se a avaliação dos estoques adotar o método do custo ponderado, em lugar do método PEPS, se os preços se mantiverem constantes.

39) Uma fábrica de cimento contrata empresa de transporte coletivo para transportar seu pessoal para trabalhar em sua jazida, de onde extrai calcário para produção de cimento. Os gastos com os serviços contratados são apropriados, em relação à produção de cimento, como:
a) custo de mão de obra;
b) custo de matéria-prima;
c) custo de serviços de terceiros;
d) despesas gerais de produção;
e) custo de veículos.

40) Uma empresa industrial transferiu produtos semi-elaborados do seu estabelecimento Central para a sua outra fábrica, em outra cidade. O transporte custou $. 30.000,00 e os produtos semi-elaborados foram transferidos ao seu custo total de $ 270.000,00. O estabelecimento Central cumpre sua etapa de produção com semi-elaborados e elaborados. A fábrica da outra cidade inicia sua produção com os semi-elaborados que recebe da "Central". Nesse caso, no estabelecimento da outra cidade, receber, por quais valores e em que conta se apropriam os fatos?
a) Produtos semi-elaborados: 270.000,00 e Despesas Gerais de produção: 30.000,00
b) Matérias-Primas: 300.000,00
c) Produtos semi-elaborados: 300.000,00
d) Despesas gerais de produção: 300.000,00

e) Produtos semi-elaborados: 270.000,00 e Transportes: 30.000,00

41) Numa determinada empresa industrial, o fluxo de matérias-primas durante o ano foi o seguinte:
I) Saldo inicial:
- item 1 – 5.000 unidades a R$ 1,00 cada uma
- item 2 – 8.000 unidades a R$ 0,75 cada uma
- item 3 – 4.000 unidades a R$ 2,75 cada uma

II) Compras:
- item 1 – 12.000 unidades a R$ 1,00 cada uma
- item 3 – 6.000 unidades a R$ 2,75 cada uma

III) Entregas à produção:
- item 1 – 3.500 unidades
- item 2 – 2.000 unidades
- item 3 – 3.000 unidades

IV) Matérias-Primas defeituosas, devolvidas aos fornecedores:
- Item 1 – 200 unidades

V) Matérias-Primas excedentes, devolvidas ao almoxarifado pela fábrica:
- item 2 – 50 unidades

Efetuadas essas operações, o saldo da conta Matérias-Primas na escrituração da referida empresa era de:
a) R$ 37.287,50
b) R$ 37.087,50
c) R$ 37.012,50
d) R$ 22.000,00
e) R$ 15.087,50

42) Como regra, a mão de obra direta é custo:
a) fixo,
b) variável,
c) semifixo,
d) semivariável,
e) indireto

43) As contribuições previdenciárias e trabalhistas incidentes sobre a mão de obra direta são custos:
a) fixos,
b) diretos,

c) semifixos,
d) semivariáveis,
e) indiretos.

44) Uma empresa fabril tem, entre outras, as seguintes contas, cujos saldos referentes ao início de certo mês são:

- Caixa   R$ 5.000,00
- Salários a pagar   R$ 0,00
- Gastos gerais de fabricação   R$ 8.000,00
- Mão de obra   R$ 0,00
- Matérias-Primas   R$ 40.000,00
- Produtos em elaboração   R$ 15.000,00
- Produtos acabados   R$ 30.000,00
- Custos dos produtos vendidos   R$ 0,00

Nesse mês, foram efetuados os seguintes lançamentos:
I) Mão de obra   20.000,00
      a Diversos
         a Caixa   5.000,00
         a Salários   15.000,00

II) Diversos
      a Mão de obra   20.000,00
      Gastos gerais de fabricação   12.000,00
      Produtos em elaboração   8.000,00

O total de salários, pagos e a pagar, foi rateado entre mão de obra direta e mão de obra indireta, no mesmo mês, respectivamente, nas proporções de:
a) 40% e 60%
b) 25% e 75%
c) 75% e 25%
d) 50% e 50%
e) 37,5% e 62,5%

45) A atribuição de todos os gastos de fabricação aos produtos é determinada pela seguinte forma de custeio:
a) realizável;
b) variável;
c) direto;
d) estimação;
e) por absorção.

46) É correto afirmar que:

a) o método de custeio variável agrega todos os custos fixos ao custo de produção pelo emprego de critérios variáveis de rateio;
b) o método de custeio por absorção leva em conta, na apuração do custo de produção, todos os custos incorridos no período;
c) o método de custeio por absorção exige que a avaliação dos estoques seja feita pelo critério do custo médio ponderado;
d) para efeito de apuração de resultados industriais é indiferente qual o método de custeio adotado, seja o variável ou por absorção;
e) a diferença fundamental entre custeio variável e o custeio por absorção é que este admite a avaliação dos estoques por método diferente do custo médio ponderado, ao contrário do custeio variável.

47) No segundo trimestre de 2005, a Indústria XX de produtos fabris concluiu a produção de 600 unidades do item X2, tendo logrado vender 400 dessas unidades, ao preço unitário de R$ 120,00.
No mesmo período foram coletadas as informações abaixo:
- custo variável unitário R$ 20,00;
- total dos custos fixos R$ 18.000,00;
- despesas variáveis de vendas R$ 2,00 por unidade;
- inexistência de estoque inicial de produtos no período.
Com base nas informações acima, feitas as devida apurações, pode-se dizer que:
- o custo dos produtos vendidos;
- o estoque final dos produtos;
- o lucro líquido do período.
Calculados respectivamente, por meio do custeio por absorção e do custeio variável, alcançaram os seguintes valores:
a) R$ 18.000,00; R$ 6.000,00; R$ 8.000,00; R$ 6.000,00; R$ 27.000,00; R$ 21.000,00.
b) R$ 16.000,00; R$ 4.000,00; R$ 12.000,00; R$ 3.000,00; R$ 26.500,00; R$ 20.500,00.
c) R$ 20.000,00; R$ 8.000,00; R$ 10.000,00; R$ 4.000,00; R$ 27.200,00; R$ 21.200,00.
d) R$ 15.000,00; R$ 5.000,00; R$ 14.000,00; R$ 8.000,00; R$ 25.400,00; R$ 23.200,00.
e) R$ 12.000,00; R$ 10.000,00; R$ 16.000,00; R$ 6.000,00; R$ 22.200,00; R$ 20.200,00.

48) A Cia de Roupas de Festa coloca no mercado seu produto principal ao preço unitário de R$ 86,75, isento de IPI, mas com ICMS de 17%. O custo de variável nessa produção alcança R$ 54,00. A Cia está conseguindo vender 1.200 peças mensais, mas com isto não tem obtidos lucros, apenas alcançado o ponto de equilíbrio. A firma acaba de obter uma redução de R$ 9,00 por unidade fabricada no custo da mão de obra direta, mas só conseguirá reduzir preço o de venda para R$ 79, 52. Se esta empresa produzir e vender, no mesmo mês, duas mil unidades de seu produto nas condições especificadas, podemos dizer que obterá um lucro bruto de:
a) R$ 2.400,00
b) R$ 20.400,00
c) R$ 21.600,00

d) R$ 29.440,00
e) R$ 42.000,00

49) Numa empresa fabril que trabalha com custo padrão, a variação do tempo da mão de obra direta, em certo período, foi de 100 (cem) horas acima do número previsto, que foi de 1.000 (mil) horas. No mesmo período, a variação do custo de mão de obra direta por unidade de tempo foi R$ 0,10 (dez centavos) abaixo do valor orçado, que foi de R$ 1,00 (um real) por hora. O valor da variação total entre o custo padrão (CP) e o custo real (CR) foi de:
a) CP > R$ 110,00
b) CP < R$ 110,00
c) CP > R$ 10,00
d) CP < R$ 10,00
e) CP > R$ 100,00

50) Considere as informações abaixo, extraídas da contabilidade de uma sociedade anônima:
- Receita de serviços prestados: R$ 100.000,00
- Serviços cancelados: R$ 10.000,00
- PIS: 1%
- Custo dos serviços prestado: R$ 65.200,00
- Descontos incondicionais concedidos: R$ 10.000,00
- Cofins: 2%
- Imposto sobre serviços de qualquer natureza: 3%
O lucro bruto foi:
a) R$ 10.000,00
b) R$ 12.400,00
c) R$ 30.000,00
d) R$ 65.200,00
e) R$ 75.200,00

51) A empresa Rapadura Elétrica Ltda, que conserta eletrodomésticos, no mês atual possui as seguintes informações:
- estoque inicial da peça QT era de 100 peças a um custo unitário de R$ 2,00;
- as compras, no mês, montaram em 150 peças a um custo unitário de R$ 2,50;
- foram aplicadas 160 peças em reparos de eletrodomésticos.
Considerando o método de avaliação de estoque custo médio ponderado, indique o custo do material aplicado, que irá compor o custo dos serviços, assinalando a opção correta:
a) R$ 320,00
b) R$ 328,00
c) R$ 360,00
d) R$ 368,00
e) R$ 400,00

www.ingramcontent.com/pod-product-compliance
Lightning Source LLC
Chambersburg PA
CBHW030729180526
45157CB00008BA/3105